12

朝から晩まで

イケメン
英会話
フレーズ

9　　　　3

神林サリー

6

FROM MORNING TILL NIGHT

Ikemen

ENGLISH PHRASES

西東社

はじめに

朝から晩まで英語漬け！

『イケメン英会話フレーズ』がおかげさまで大変好評で、さらに進化した続編を作ることになりました。今回の特徴としては、朝から晩までの時系列に沿ったシチュエーション別で、どんな場面でどのフレーズを使えばよいのかが一目瞭然なことです。1日の時間の流れに沿っているので、生活に即したシチュエーションを具体的にイメージしやすく、新出単語や関連フレーズも覚えやすくなっています。

英会話の上達には型を覚えること

英会話の上達に欠かせないことは型を覚えてしまうことです。フレーズのパターンを覚えて入れ替えて使うことで自分のものとして体得できます。本書を最初から順番に見ていくのもよいですし、興味のあるフレーズから練習していくのもよいでしょう。取り上げたフレーズはいずれも英語圏の日常でも非常によく使われる厳選されたフレーズばかりです。本書でインプットしたあとはアウトプットに努めてください。アウトプットとは話したり書いたりして発信する英語のことです。例えばSNSでは英語で呟いたり、英語を話す友達のコメント欄に英語でコメントしたり。アウトプットのチャンスを工夫してみましょう！

イケメンイラストで楽しくイメージ！

本書の最大の特徴は何と言っても乙女の胸をときめかせるイケメン達と一緒に学んでいく点です。新キャラも新たに4人加わったり、気になるあのキャラ同士の関係が掘り下げられていたりと、既刊の内容をご存知の方はもちろん、本書を初めてご覧いただく方にも満足いただける内容となっています。

本書の効果的な使い方としましては、

① フレーズを読んで目で英語を確認

② 一度イケボ（イケメンボイス）を聞く

③ トキメク（ここが大事）

④ 落ち着いてイケボのあとに英語をリピートする

⑤ ①から④を繰り返す

がオススメです。リピートの際は音声と同じようなテンポ、リズム感で練習してみましょう。これを繰り返すこと、続けることで確実に英語力が上がります。

英語の上達には継続することが欠かせません。ぜひ本書を何度も繰り返し活用してください。ときめくたびに、英語が身につくはずです。皆様の英語力アップを心から応援しています！！

神林サリー

朝から晩まで

イケメン英会話フレーズ
CONTENTS

PROLOGUE **13 SHORT PHRASES**
キャラクター紹介 / カンタン！一言フレーズ13

一ノ瀬翔太　CV 田丸篤志／ジェフリー・ロウ

北条翔平　CV 千葉翔也／ドミニク・アレン

萩原拓海　CV 駒田航／ドミニク・アレン

相馬直人　CV 田丸篤志／ジェフリー・ロウ

橘隼人　CV 千葉翔也／ドミニク・アレン

北条和也　CV 千葉翔也／ドミニク・アレン

CHAPTER
1 ☀ SITUATIONS IN THE
MORNING
朝から昼まで使える
18 PHRASES

CHAPTER 2 ☁ SITUATIONS IN THE AFTERNOON

昼から夕方まで使える 25 PHRASES

CHAPTER 3 ★☽ SITUATIONS AT NIGHT

夜から就寝まで使える 29 PHRASES

人物相関図

CHARACTER DIAGRAM

SAME COMPANY

相馬直人
Soma Naohito

 team member / boss

 team member / boss

一ノ瀬翔太
Ichinose Shota

 co-worker

北条和也
Hojo Kazunari

 love?

橘隼人
Tachibana Hayato

五十嵐 徹
Igarashi Toru

SAME CLASS

萩原聡史
Hagiwara Satoshi

brother

childhood friend

friend

萩原拓海
Hagiwara Takumi

SAME SALON

brother

北条翔平
Hojo Shohei

吉田シュン
Yoshida Shun

work friend

椎名大
Shiina Masaru

009

本書の使い方

PROLOGUE ▷ キャラクターのプロフィールと簡単に使える
短いフレーズを紹介しています。

CHAPTER 1-3 ▷ 朝から晩までのシチュエーションごとで使える
フレーズを紹介しています。

音声のトラック番号　　シチュエーションで使える例文

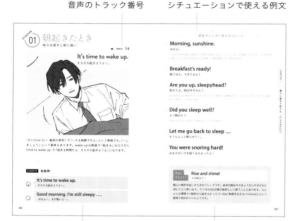

フレーズを使った会話例　　関連した表現や
入れ替えて使える単語など

◀) フレーズ音声

パソコンで下記のURLにアクセスし、
ダウンロードしてご利用ください。

https://www.seitosha.co.jp/
asakarabanmade-ikemen.html

*ダウンロードできるのは、圧縮されたファイルです。ダウンロー
ド後は解凍してご利用ください。　*音声ファイルはMP 3形
式です。Windows Media PlayerやiTunes等の再生ソフトを
使って再生してください。　*ご使用の機器やインターネット環
境等によっては、ダウンロードや再生ができない場合があります。
*本音声データは、一般家庭での私的利用に限って頒布するもの
です。法律で認められた場合を除き、無断で本音声データを改変、
複製、放送、配信、転売することは禁じられています。　*本特
典は、告知なく配布を中止する場合があります。

特別な日 (p.184–189) や
巻末付録 (p.190–191) も
楽しんで!

13
SHORT PHRASES

キャラクター紹介 /
カンタン！ 一言フレーズ13

FROM MORNING TILL NIGHT

Ikemen

ENGLISH PHRASES

一ノ瀬翔太 *Ichinose Shota* CV 田丸篤志 / ジェフリー・ロウ

TRACK 01

I know how you feel.

気持ちわかるよ。

直訳すると「あなたがどんな気持ちか知っている」ですが、同情したり、自分もそんな気持ちになったりした経験があることを伝えたりするときにこのフレーズを使います。カジュアルな慰めの表現ですね。I know how it feels. とitを使っても同様の意味になります。

Shota's Profile

AGE	年齢	29
BIRTHDAY	誕生日	September 10th
BLOOD TYPE	血液型	A
OCCUPATION	職業	planning（企画職）

隼人との関係

仕事終わりにジムや食事に一緒に行く仲。自宅に招待したいと思っているが、チキンなのでなかなか誘えない。

仕事ができる翔太は後輩へのフォローもかかさない。和也には週2でご飯をおごっている。

◀) TRACK **02**

Cheer up!
元気出しなよ！

自動詞のcheerは「人が元気づく」、それに前置詞upをプラスすると人に対して「がんばれ」や「くよくよしないで」という呼びかけの表現になります。動詞の原形から始まりますが、命令しているわけではなく、定番の励ましフレーズです。

いろいろな ＼ 元気出しなよ ／ の表現

Don't worry about it.
心配しないで。

Keep your chin up.
うつむかないで。

和也 から見た翔太

尊敬できる先輩ですね。ここだけの話、昔はめっちゃ怖くて苦手でしたね。でも今は飯もおごってくれる優しい先輩です！

北条翔平 *Hojo Shohei*

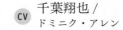

千葉翔也 /
ドミニク・アレン

Hold on.
ちょっと待ってて。

◀) TRACK **03**

発音は「ホールドオン」ではなく、「**ホールドン**」。「お待ちください」の定番フレーズです。電話やビジネスの場面では、Hold on, please. とpleaseをつけて丁寧に言うとよいでしょう。カジュアルにも、あらたまった場面にも使える便利なフレーズです。

Shohei's Profile

AGE 年齢	18
BIRTHDAY 誕生日	June 3rd
BLOOD TYPE 血液型	A
OCCUPATION 職業	high school student（高校生）

翔平の夢

ファッションが好きで将来はデザイナーになりたいと思っている。バイト代はすべて洋服につぎ込んでいるため、いつも金欠。

運動は得意だが帰宅部（バイトをしたいから）。この前赤点を４つ取ってしまったため、聡史に勉強をみてもらっている。

🔊 TRACK **04**

Fingers crossed.
応援してるよ。

I'll keep my fingers crossed. の略です。これは魔除けや願い事をするときに人差し指の上に中指を重ねる仕草のことで、「幸運を祈る」という意味の応援フレーズになります。実際にこの仕草をしながら言ったりする場合もあります。

いろいろな ＼ 応援してるよ ／ の表現

Good luck!
幸運を！

I'm with you.
そばにいるよ。

聡史 から見た翔平

翔平はアホだがなんだか放っておけないんだ。和也さん（翔平の兄）からもよろしく言われてるしな……。

萩原拓海 *Hagiwara Takumi*

CV 駒田航 /
ドミニク・アレン

What do you think?

どう思う？

🔊 TRACK **05**

What do you 〜?の発音は「**ワルユ〜**」に近くなります。５Ｗ１Ｈの質問な
のでイントネーションは語尾を上げないように。〈What do you ＋動詞の原
形？〉で「あなたは何を〜しますか？」という文ができるので覚えておくと便利
です。

Takumi's Profile

AGE 年齢	23	
BIRTHDAY 誕生日	July 4th	
BLOOD TYPE 血液型	B	
OCCUPATION 職業	beautician（美容師）	

最近の悩み

溺愛している弟の聡史が最近少
しよそよそしい。誰か気になる
人でもできたんじゃないかと気
が気じゃない。

拓海は有名サロンで働いている美容師。「イケメンカリスマ美容師」として雑誌で紹介されてから彼目当てに来店する女性客があとをたたない。

◀ TRACK **06**

> # You look pretty.
> かわいいね。

〈You look ＋形容詞〉は「あなたは〜に見える」という表現です。ポジティブな形容詞なら褒め言葉になります。prettyと似た単語としてbeautiful、cuteなどもあります。cuteは若い、幼いイメージのかわいさ、beautifulは成熟した美しさ、prettyは可憐な美しさのイメージでどんな年代の方にも使えます。

いろいろな ＼ かわいいね ／ の表現

You look lovely.
キレイだよ。

You look nice.
ステキだよ。

徹 から見た 拓海

愛想もいいし、美容師としての腕も確かなんだけど、弟さんの話になると止まらないのがたまにきずだね。

相馬直人 *Soma Naohito*

CV 田丸篤志 / ジェフリー・ロウ

◀ TRACK **07**

That's my job.
私がやりましょう。

直訳すると「それは私の仕事です」になりますが、コミュニケーション上の意味としては「私がやりましょう」や「私がやりますよ」になります。この That は相手がやっている仕事を指します。This is my job. も同じ意味になりますが、This は自分がやっている仕事を指します。

Naohito's Profile

AGE 年齢	41	
BIRTHDAY 誕生日	July 19th	
BLOOD TYPE 血液型	B	
OCCUPATION 職業	planning（企画職）	

翔太と和也の上司。普段は温厚で優しいが、怒らせると怖い。飼っている猫が和也に似ていると思っている。

橘隼人 *Tachibana Hayato*

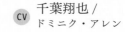

🔊 TRACK **08**

Take your time.
いつでもいいよ。

take time で「時間をかける」です。your をつけて「あなたの時間をかけて」となるので、つまりは「時間を取っていいですよ、ゆっくりでいいですよ」と声をかける表現になります。Hurry up!「急いで！」と反対の声かけですね。

Hayato's Profile

AGE 年齢	27	
BIRTHDAY 誕生日	February 6th	
BLOOD TYPE 血液型	A	
OCCUPATION 職業	delivery person（配達員）	

翔太の会社に出入りしている配達員。翔太とジムが一緒だったことがわかり、仲良くなった。常におなかをすかせている。

北条和也 *Hojo Kazunari*

CV 千葉翔也 / ドミニク・アレン

🔊 TRACK **09**

I can't believe this.
ありえない。

直訳すると「信じられない」という意味で、とても驚いたときに言います。人に言うだけではなく、独り言でつぶやくときにも使います。「えー！ありえない！」とより驚きを示したいときは、前に Oh, no! や No way! などをつけるとニュアンスがでます。

Kazunari's Profile

AGE 年齢	26
BIRTHDAY 誕生日	June 17th
BLOOD TYPE 血液型	A
OCCUPATION 職業	planning（企画職）

翔平の兄。座右の銘は「神は細部に宿る」。どうでもいいことに時間と労力をかけがち。泣き上戸。

椎名大 *Shiina Masaru*

CV 駒田航 /
ドミニク・アレン

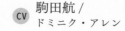

Get out of here!
冗談だろ！

直訳は「ここから出て行け！」なので、この表現を知らないとドキっとしてしまうかもしれませんが、怒られているわけではないのでご安心を。相手の発言にツッコミを入れるときに使う表現です。発音は一単語ごとに区切らず一気に「ゲ**ラ**ーラ**ヒ**ア」と言います。

Masaru's Profile

AGE 年齢	21
BIRTHDAY 誕生日	October 10th
BLOOD TYPE 血液型	AB
OCCUPATION 職業	college student（大学生）

翔平のバイト先の先輩。フェスやクラブなどにぎやかな場所が大好き。私立大学の教育学部。単位が足りなくて留年しそう。

萩原聡史 *Hagiwara Satoshi* **CV** 駒田航 / ジェフリー・ロウ

◀) TRACK **11**

Count on me.
任せろ。

count onで「人を頼りにする」という熟語です。少し丁寧に「自分の助け
をあてにしていいよ」と言いたい場合は、You can count on me to help
you. あるいはYou can count on me helping you. というようにto不定詞
や〜ingを使って、自分に助ける意思があることを伝えましょう。

Satoshi's Profile

AGE 年齢	17
BIRTHDAY 誕生日	March 28th
BLOOD TYPE 血液型	AB
OCCUPATION 職業	high school student (高校生)

野球部のエースでクラス委員
長。翔平とは小学校からの幼馴
染。兄（拓海）からの愛が重す
ぎるのが悩み。髪は兄に切って
もらっている。

吉田シュン

Yoshida Shun

> *Right.*
> そうだね。

◀) TRACK **12**

Yes. の返事にもいろいろあります。この Right. は相手の意見に同意したり、肯定したりするときに使える一言フレーズです。文にすると That's right. や、You're right. となりますが、Right. の一言で「そうだね」という口語的な相づちになります。

Shun's Profile

AGE 年齢		32
BIRTHDAY 誕生日		December 26th
BLOOD TYPE 血液型		O
OCCUPATION 職業		municipal officer （市役所職員）

萩原家の隣に住む幼馴染のお兄さん。聡史のオムツを替えたこともある。結婚願望があり、婚活パーティーに行こうか悩んでいる。

五十嵐徹 *Igarashi Toru*

CV 駒田航 /
ジェフリー・ロウ

Calm down.

落ち着いて。

🔊 TRACK **13**

焦っている人や、怒っている人、パニクっている人に向かって言うフレーズ
です。「気分や心を落ち着けて。大丈夫だから」と言いたいときに使います。
これを誰かに言われたら、All right. や Okay. と応じましょう。

Toru's Profile

AGE 年齢	46
BIRTHDAY 誕生日	May 2nd
BLOOD TYPE 血液型	B
OCCUPATION 職業	beautician（美容師）

拓海が働いている美容院の店
長。芸能人から指名が入るほど
のカリスマ美容師。拓海を息子
のように可愛がっている。実は
バツイチ。

024

SITUATIONS IN THE
MORNING

朝から昼まで使える
18 PHRASES

What do you feel like
eating for breakfast?

FROM MORNING TILL NIGHT

Ikemen

ENGLISH PHRASES

朝起きたとき

翔太は意外と朝に強い

🔊 TRACK **14**

It's time to wake up.

そろそろ起きようよー。

〈It's time to + 動詞の原形〉で「〜する時間ですよ」という表現です。「〜しましょう」という意味もあります。wake upは熟語で「起きる」なのでIt's time to wake up. で「起きる時間だよ、そろそろ起きようよ」になります。

EXAMPLE 会話例

😮
It's time to wake up.
そろそろ起きようよー。

🙂
Good morning. I'm still sleepy ….
おはよー。まだ眠いよ…。

Morning, sunshine.

おはよ。

Good morning.を省略してMorning.と言うとフレンドリーな印象になります。sunshine は親しい人に対する呼びかけの言葉で、朝の挨拶によく使われます。

Breakfast's ready!

朝ごはん、できてるよ！

Are you up, sleepyhead?

起きてる、寝ぼすけさん？

sleepyhead「寝ぼすけ」は子どもに対して使われる言葉ですが、からかい半分で恋人や友達に対して使うこともあります。

Did you sleep well?

よく眠れた？

How did you sleep?と尋ねることもできます。

Let me go back to sleep ....

もうちょっと眠らせて…。

You were snoring hard!

おまえのいびき超うるさかったよ！

ONE STEP!
Rise and shine!
さあ起きて！

親しい相手を起こすときのフレーズです。命令口調なのできょうだいや子どもに対してよく使います。ラジオのDJが朝の挨拶として使うこともあります。もともとは軍隊で「寝床から起き上がって (= rise) 靴磨きをする (=shine)」という意味で使われていたようです。

朝活

隼人は毎朝欠かさず運動をしている

I feel good when I do some exercises in the morning!

朝の運動って気持ちいいね！

〈I feel 〜 when I .... 〉で「私が…するときは気分が〜」という意味になります。
I feel good で「私はいい気持ちがする、気分がいい」となり、good を bad に変えることで「気分が悪い」となります。

EXAMPLE 会話例

😊 **I feel good when I do some exercises in the morning!**
朝の運動って気持ちいいね！

😮 **Yeah, I go running on weekends, too!**
うん、僕も週末に走ってるよ！

▷ # Hey, wanna go for a run?

ねえ、ちょっと走りに行かない？

go for 〜で「〜をしに出かける」という意味。「散歩に行く」なら go for a walk と言います。

▷ # Reading is a part of my morning routine.

毎朝本を読むのが習慣になってるんだ。

morning routine で「朝の日課」という意味。

▷ # It's a perfect way to start the day!

それは1日の始まりにぴったりだね！

▷ # I'm going to the gym before work.

仕事の前にジムに行くよ。

▷ # I usually write my blog at Starbucks.

普段はスタバでブログを書いてるんだ。

▷ # I'm taking up pilates lessons in the morning.

朝、ピラティスのレッスンに通い始めたんだ。

take up 〜で「（定期的に趣味や仕事など）を始める」という意味。

WORD POCKET | **I do some stretches every morning.**
毎朝ストレッチをしているんだ。

〈do +（動）名詞〉で「〜をする」という少しカジュアルな言い方です。家事などを日常的に行っている場合には the がつきます。

- sit-ups 腹筋運動
- push-ups 腕立て伏せ
- yoga ヨガ
- meditation 瞑想
- jogging ジョギング
- biking エアロバイクを使った運動
- reading 読書
- gardening 庭仕事

朝ごはん

萩原兄弟は朝からがっつり食べる

What do you feel like eating for breakfast?

朝ごはん何がいい？

「朝ごはん何食べたい？」と尋ねるフレーズです。feel like 〜ing で「〜したい気分」という意味です。for の後ろを lunch や dinner に変えると、昼食や夕食時にも使うことができます。友達同士や家族、親しい人たちに対して使うフレーズです。

EXAMPLE 会話例

😮 **What do you feel like eating for dinner?**
夕食は何が食べたい？

🙂 **I feel like eating something hot and spicy.**
何か辛いものが食べたいなぁ。

▷ Smells so good!

めっちゃいいにおい！

同様に、Looks delicious! は「おいしそう！」という意味。

▷ Oh, no, we're out of cereal!

うそでしょ、シリアルないじゃん！

out of 〜は「〜が切れている、〜がなくなっている」という意味。

▷ I need a cup of strong coffee in the morning.

朝は濃いめのコーヒーに限る。

▷ I'll just have rice with last night's leftovers.

ごはんと昨日の夜の残り物で済ませるよ。

leftover は「残り物」という意味。

▷ I'll make some eggs for you.

何か卵料理を作ってあげるよ。

▷ Here, you should try this smoothie.

ねぇ、このスムージー、飲んでみて。

WORD POCKET	**Can I have some fried eggs? / Can I have them fried?**
	目玉焼きにしてもらえる？

朝食メニューの定番の卵料理。自分の好みの卵料理をリクエストするときには、料理名だけでなく調理方法や火の入れ加減も伝えることができます。

- fried eggs　目玉焼き
- sunny-side up　半熟片面焼きの目玉焼き
- over easy [hard]　半熟 [固焼き] 両面焼きの目玉焼き
- boiled eggs　ゆで卵
- soft-boiled eggs　半熟ゆで卵
- poached eggs　落とし卵
- omelet　オムレツ

具合が悪いとき

シュンは朝が苦手

🔊 TRACK 17

I'm feeling under the weather.

なんか気分悪い…。

feel under the weatherは「気分がすぐれない」という熟語です。「天気の下を感じる？」と意味がわからないかもしれませんが、よく使われる英語の表現です。航海中、嵐に見舞われた船員が嵐を乗り切ったり、船酔い予防のためにデッキの下やキャビンに逃げたりしたことに由来しています。実際の天気には関係なく使えるので、病院に行くほどではないけれど体調が悪いときに使ってみてください。

EXAMPLE 会話例

What's the matter?
どうしたの？

I'm feeling under the weather.
なんか気分が悪い。

▷ **I have low blood pressure.**

低血圧なんだ。

▷ **Oh! My head is killing me.**

ああ！ 頭が痛くて死にそう。

▷ **I have a terrible hangover.**

ひどい二日酔いなんだ。

▷ **Are you OK? You don't look well.**

大丈夫？ 具合悪そうだよ。

▷ **I'm feeling a bit feverish.**

ちょっと熱っぽい。

名詞のfeverにishをつけると「熱っぽい」という形容詞に。

▷ **You should stay in bed today.**

今日は横になっていたほうがいいよ。

stay in bedで「安静にする」という意味。

ONE STEP!	**I'm not a morning person.**
	朝は苦手なんだよね。

「朝は苦手」と言いたいときには、morning person「朝型人間」ではないという言い方をよくします。「〜型人間」のほかの言い方としては、day person「昼型人間」やnight person「夜型人間」、「フクロウ」を意味するowlを使ったnight owl「夜更かしをする人」などがあります。

遅刻しそうなとき

翔平は兄を頼りきっている

◀) TRACK **18**

Why didn't you wake me up?

なんで起こしてくれなかったんだよ〜!?

Why didn't you 〜? は「なぜ〜してくれなかったの?」と過去の行動を責める
ときに使うフレーズです。「なんで?」は Why? 、「してくれなかった」は過去の
否定の疑問文なので didn't you、「人を起こす」は〈wake up + 人〉ですが代名
詞を入れる場合は wake up me ではなく、wake me up と wake と up の間
に入れなくてはいけません。これは熟語の文法上のルールの1つです。

EXAMPLE 会話例

Why didn't you wake me up?
なんで起こしてくれなかったんだよ〜!?

Did you ask me to wake you up?
起こしてって言ってた?

▷ # Oh, crap. I overslept!

やばっ。寝坊した！

▷ # I guess I slept through my alarm ....

目覚まし時計の音に気づかなかったみたいだな…。

▷ # I only have five minutes to get ready.

出かけるまであと5分しかない。

▷ # I can't fix this bed hair!

この寝ぐせ、直せないよ！

「寝ぐせ」は bed hair や bed head と言います。

▷ # Come on, you better get going!

おい、もう出たほうがいいぞ！

get going で「急ぐ」という意味。

▷ # Hurry, you'll miss the bus!

急いで、バスに乗り遅れるよ！

WORD POCKET | **I don't have time to eat breakfast!**
朝ごはんを食べる時間がない！

「〜の時間がない」 **I don't have time for 〜.** と言うこともできます。**for** の後ろは、名詞や動詞の **〜ing** 形を続けます。

- do my hair   髪を整える
- put on makeup   化粧する
- drink coffee   コーヒーを飲む
- take a shower   シャワーを浴びる
- shave   ひげを剃る
- wash the dishes   皿を洗う
- chit-chat   おしゃべり
- you   あなたのための＝あなたの相手をする

遅刻・欠席の連絡

シュンは無理せず休むタイプ

🔊 TRACK **19**

I'm afraid I can't go to work today.

今日は休みます。

会社や学校に休みの連絡を入れる際のフレーズです。I'm afraidと前につけることで「すみませんが…できません」と丁寧なニュアンスを出すことができます。be afraid of 〜「〜を怖がる」と間違いやすいので注意しましょう。go to workで「出社する」ですが、workの代わりにschoolを入れれば「登校する」になります。

EXAMPLE 会話例

I'm afraid I can't go to work today.
すみませんが今日は休みます。

Are you all right? Please take care of yourself.
大丈夫ですか？ お大事にしてください。

▷ **I have a bad cold, so I'm taking a sick day[leave] today.**

ひどい風邪をひいたので、今日は休みます。

take a sick day[leave] で「病欠する」という意味。

▷ **I won't be able to come in this week with the flu.**

インフルエンザで今週は行けそうにありません。

▷ **Can I take the morning off? I need to go to the dentist.**

午前半休を取らせていただけませんか? 歯医者に行くので。

▷ **Ms. Ikeda just called in sick.**

今、池田さんから体調不良で休むと電話がありました。

▷ **Something urgent came up, so could we push back our meeting an hour later?**

急用ができたので、打ち合わせを 1 時間遅らせることは可能でしょうか。

▷ **Could you fill in for Hayato today?**

今日隼人の代わりを頼める?

fill in for 〜で「〜の代わりを務める」という意味。

ONE STEP!　**I'll be working from home this week.**
今週は在宅勤務します。

欠勤するのではなくオフィスに出社せずに家で仕事をすることを、一般的にwork from homeと表現します。メールやスケジューラーではWFHと略されます。インターネットなどを利用してオフィス以外の場所から遠隔勤務することをtelework やtelecommuteと言いますが、会話の中で使うことはあまりないでしょう。

The first class is canceled ....

1限目、休講じゃん…。

「休講になる」はcancelを使います。cancelは「取り消す、キャンセルする、
やめる、中止にする」という意味の動詞です。主語がThe first classなので〈be
動詞＋過去分詞〉の受動態の形にして「(1限目が) 中止にされる」とします。

EXAMPLE 会話例

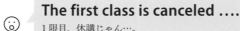

The first class is canceled ....
1限目、休講じゃん…。

No way! We don't have to be here.
えー！来なくてよかったじゃん！

▷ Excuse me, I'm getting off here.

すみません、ここで降りまーす。

▷ Let me through.

通してください。

▷ I wish I could cycle to work.

自転車通勤できたらいいのに。

▷ This is not my train!

乗り間違えた！

▷ Oops, my train pass expired.

しまった、定期券が切れちゃった。

定期券は train pass、チャージが必要な IC カードの類は train card。

▷ Could you scoot over a bit?

少し詰めていただけますか。

席を詰めてほしいときには scoot over「詰める」と言います。

ONE STEP!

Here, please take[have] this seat.

どうぞこの席に座ってください。

電車やバスで席を譲るときのフレーズです。少し丁寧に言いたいときは Would you like to have a seat?「おかけになりますか」を使います。I'm getting off soon.「すぐ降りますから」や No problem.「大丈夫ですから」をつけ加えると、譲られる相手も必要以上に遠慮せずに済みます。

通勤トラブル

拓海は人ごみが苦手

新宿
しんじゅく
Shinjuku

Shinjuku is always crowded.

新宿っていつも混んでるよな。

「混んでいる」はcrowdedで表します。crowdは「(人が) 群がる、殺到する」という意味の動詞ですが、ここでは「混雑した」という意味の形容詞です。形容詞cloudy「曇り」や名詞cloud「雲」、動詞「曇らせる」と似ていて大変間違いやすいので注意してくださいね。「いつも」は頻度を表す副詞alwaysです。usually、often、sometimes、rarely、neverなどのほかの副詞も覚えておいてください。

EXAMPLE 会話例

☺ **Shinjuku station is always crowded.**
新宿駅っていつも混んでるよな。

☺ **Yeah. It's one of the biggest stations in Japan.**
うん。日本でいちばん大きい駅の1つだからね。

▷ **The Chuo Line is temporarily suspended due to an accident.**

中央線が事故のため運転を見合わせています。

▷ **I'm stuck in traffic.**

交通渋滞にはまって身動きがとれないんです。

be[get] stuck で「身動きがとれない」という意味。

▷ **It'll start moving again in an hour.**

1時間くらいで運転再開するようです。

▷ **Why is this train so packed today?**

なんで今日この電車こんなに混んでるの？

▷ **Oh God, I missed my train!**

ああ、もう、いつもの電車に乗り遅れちゃった！

my train で「いつも自分が乗っている時間帯の電車」という意味。

▷ **Don't tell me I got on the women-only car!**

もしかして俺、女性専用車両に乗っちゃった!?

CHAPTER 1　朝から昼まで使える 18 PHRASES

ONE STEP! **There's been an accident on the Namboku Line.**
南北線で事故がありました。

何らかのトラブルが発生して会社に連絡をするときは、過去形の There was a[an] 〜. ではなく、現在完了を使います。There has been a[an] 〜.「〜があったところです」と言うと、まだその影響が残っているニュアンスが出るので、今後その影響 (遅刻するなど) があるかもしれない、ということを伝えることができます。

テストについて話す

翔平はいつも一夜漬けでテストにのぞむ

◀) TRACK **22**

I stayed up all night studying for exams.

徹夜で試験勉強してきたぜ。

「徹夜する」や「一晩中起きている」はstay up all nightです。stay up all night 〜ing形で「〜して徹夜する」という意味になります。目的「〜のために」を示す前置詞はforです。「試験」はexamination(s)ですが、長いので短縮してexam(s)と言います。

EXAMPLE 会話例

You look terrible!
ひどい顔だな。

Yes, because I stayed up all night studying for exams.
だよね、徹夜で試験勉強したからな。

▷ **I'll have to cram all night for tomorrow's physics exam!**

明日の物理のテストは一夜漬けするしかない！

cram for 〜は「〜に向けて猛勉強する」という意味。

▷ **I pulled an all-nighter to study for the exam.**

徹夜で試験勉強したよ。

▷ **I think I'm gonna flunk this exam.**

俺、このテスト赤点取りそう。

「試験で失敗する」をアメリカ英語では flunk とよく言います。

▷ **My mother's going to kill me if I fail!**

落第したらお母さんに殺される！

▷ **It'll be a piece of cake for you cause you're smart!**

おまえは頭がいいから、楽勝なんだろ !?

a piece of cake は「楽勝、どうってことない」という意味。

▷ **Is this going to be on the test?**

テストにこれ出る？

WORD POCKET	**I just want to get this finals over with!**
	とにかくこの期末試験が終わってくれればいいよ！

テストにもいろいろな種類や呼び方、方式があります。

- finals[final exams]、term-end exams　期末試験
- mid-term exams　中間試験　　● entrance exam　入学試験
- pop quiz　抜き打ちテスト　　● quiz　小テスト
- math test　数学のテスト　　● oral exam　口頭試験

「音読」を朝のルーティンに！

Good morning! みなさんは朝は得意ですか？ 私はここ数年、毎日5時〜5時半起きで、英語の音読とニュースのリスニングを朝の習慣にしています。

10年以上前に私が英会話学校で働いていたとき、同僚のアメリカ人が毎朝英語のニュースを「音読している」と言ったのです。なんでも、何年も日本で英語を教えてからアメリカに帰ると「英語が変だから勉強した方がいい」とお母さんに指摘されたそうです！ 彼は英語ネイティブのアメリカ人ですが、日本でいつも「生徒に伝わるよう簡単に」とJapanese Englishを心がけていたからか、自分でも喋りにくいと思っていたそうで、その日から音読を始めたそうです。その話を聞いて私も音読を習慣にしています。

日常的にネイティブの英語に触れることはとても良いインプットになり、声に出すことでアウトプットできます。空いた時間を使い少しでもインプットとアウトプットの量を増やしましょう。音読をすると、頭ではなく体の感覚で、より自然な英語と正しい文法を覚えることができます。1週間に1度、英語を1時間勉強するよりも、毎日5分の音読の方が長期的に見ても良い結果をもたらし、必ず上達します。「2週間続けたものは習慣になる」という調査結果もあるので、まずは2週間を目標に朝5分の音読習慣！ 頑張ってみましょう。

音読について

音読の教材や素材は好きなものや興味があるものが一番ですが、そうは言っても何をどうやっていいかわからない場合も多いですよね。そこで本書を使った音読をオススメします！　音声もありますので、本書でセンテンス（文）を確認し、イケボを聞きながら声に出して練習してみてください。ただ目で見たり聞いたりしているだけよりも、イントネーションやアクセントをマネして声に出してハキハキと言ってみることは、素晴らしいアウトプットの練習になります。まずは見開き2ページ。朝の習慣にしませんか？

音読のポイント

1. 本書の見開き1ページを目で見て確認

2. 音声を聞く

3. 声に出してマネしてハキハキと言ってみる

毎朝5分、
一緒に音読しよう！

10 出勤

拓海はいつも遅刻ギリギリ

I made it just in time ...!

ギリギリ間に合った…!

「間に合う」は be in time のようにいろいろな表現ができますが、口語表現では make it がよく使われます。「ギリギリ」は just in time です。

make it は会社の時間だけでなく、例えば「締切などのデッドラインに間に合う」などにも使えます。

EXAMPLE 会話例

I made it just in time!
ギリギリ間に合った!

You should have left earlier.
もっと早く出るべきだったんじゃないか。

▷ # Where is my employee ID card?

社員証はどこだっけ？

オフィスに入るのに使う社員用カードは company ID とも呼びます。

▷ # You're early[late] today.

今日は早い［遅い］んだね。

▷ # Shoot, I left my lunch at home!

しまった、家にお弁当忘れた！

shoot は shit の婉曲語で「くそっ、しまった」などという意味を表します。

▷ # I just had to be in the same elevator with the CEO.

CEO と同じエレベーターに乗り合わせるなんてさ。

I just had to 〜は「こんなときに限って〜するなんて（間が悪い）」というニュアンス。

▷ # Psst! Looks like your boss is in a lousy mood this morning.

おいっ！ おまえの上司、今朝は機嫌が悪いみたいだぞ。

Psst! はこっそりと人の注意をひくときの言葉で、発音は「プスッ」。

▷ # It's going to be a busy day!

忙しい 1 日になりそうだな！

ONE STEP! ## Can we turn down[up] the AC?
エアコンの設定温度を下げて［上げて］もいい？

同じオフィス内の人たちに一声掛けてからエアコンの設定温度を変えるのがよいでしょう。エアコン (air conditioner) は AC と略して言うことが多いです。Can we 〜? の代わりに Do you mind if I turn down[up] the AC? と言ってもいいですね。ただし、答え方には注意しましょう。(➡p.72)

SITUATION 11 会社遅刻

和也はよく寝過ごして遅刻する

🔊 TRACK 24

I'm late.
The train was delayed.

電車が遅延して、遅れてしまいました。

日本のように時刻表通りに電車が来る国は少ないので、この言い訳は外国では使いにくいかもしれませんが、日本ではよく使いますね。delay は「～の進行や到着などを遅らせる」なので「遅れた」と言いたいときは〈be動詞＋過去分詞〉で受動態の形にします。

EXAMPLE 会話例

I'm late. The train was delayed.
電車遅延のため遅れました。

That was too bad.
災難だったな。

▷ **I'm terribly sorry I'm late.**

遅れてしまって本当に申し訳ありません。

▷ **You're late again.**

また遅刻なのか。

▷ **The elevator wasn't working, and I had to take the stairs.**

エレベーターが故障中で、階段で来ないといけなかったんです。

▷ **This will never happen again. I promise.**

もう二度とこのようなことはありません。約束します。

▷ **I can explain.**

（これには）事情があるんです。

直訳は「説明できます」ですが、転じて「事情があります」という意味で使われます。

▷ **What took you so long?**

どうして遅刻したんだ？

直訳は「何にそんなに時間がかかったんだ」。遅刻の理由を尋ねるのによく使われるフレーズです。

ONE STEP! **Get your act together!**

しっかりしなさい！

遅刻を繰り返しているような部下、だらしない生活を送っている子どもなどに対して使われるフレーズです。You'd better get your act together.「ちゃんとしたほうがいいぞ」と言うこともできます。

SITUATION 12 パソコン関係

直人は最新電化製品を集めるのが好き

🔊 TRACK 25

My laptop has been slowing down.

パソコン重いな。

「パソコン」はPC、computerなどいろいろな言い方があります。laptopはノート型パソコンのことです。卓上型のデスクトップパソコンはdesktopですね。「重い」と言うのはイコール「遅い」ことなので英語ではslow downと言います。

EXAMPLE 会話例

My laptop has been slowing down.
パソコン重いな。

Maybe you should buy a new one.
もしかしたら新しいの買わないとダメかもね。

▷ My computer crashed again.

またパソコンが固まった。

コンピューターの機能が停止することを freeze とも言います。

▷ This PC doesn't boot up fast.

このパソコン、立ち上がりが遅いな。

boot[start] up で「起動する、立ち上がる」という意味。

▷ It looks like the server is down.

サーバーが落ちたみたいだね。

▷ Can I reboot my PC?

再起動してみてもいい？

▷ Do you have free Wi-Fi here?

ここ、無料 Wi-Fi ありますか？

▷ It's been acting weird lately.

最近ずっとこれ調子がおかしいんだよな。

act weird[strangely] で「奇妙にふるまう＝挙動がおかしい」ことを表しています。

ONE STEP!　**My computer isn't working properly.**

僕のパソコン、ちゃんと機能していないんです。

work を「機能する」という意味で使うと、コンピューターなどの不具合を伝えることができます。完全に故障しているわけではなく正常に動いていないときは not working properly と言います。

13 朝礼

直人は5分前行動を心掛けている

◀) TRACK **26**

Let's get started!

これからミーティング（会議）を
始めます！

「〜しましょう」はLet's 〜.です。「〜を始める」はget startedです。人が
主体のときはstartで正しいのですが、ビジネスでは人を主体にするよりも、
meeting「会議」を主体にするのが一般的です。会議を主語にして、「会議が
始められた」と考えます。startedは過去分詞ですが形容詞の意味に近くなり、
「会議の状態にしよう」という意味です。

EXAMPLE **会話例**

☺

Let's get started!
これから会議を始めましょう！

😮

What's today's main agenda?
今日のメインの議題は何ですか？

▷ **Our top salesperson of the month goes to Ichinose-san.**

月間の営業成績トップは一ノ瀬さんです。

go to ～で「(賞などが) ～に与えられる」という意味。

▷ **There will be a server maintenance during lunch hour.**

お昼休みにサーバーのメンテナンスがあります。

▷ **Does anybody have anything to share with the team?**

チームと共有することがある人はいますか?

▷ **Let's go over today's schedule.**

今日の予定を確認しましょう。

go over ～で「～をおさらいする」という意味。

▷ **Whose turn is it to make a short speech today?**

今日のスピーチ、誰の番だっけ?

▷ **Our boss sounds grouchy this morning, doesn't he?**

うちのボス、今日の朝は何だかご機嫌斜めじゃない?

grouchy は不機嫌でブツブツ文句の多い状態を表すややくだけた表現。

WORD POCKET | **会社でのいろいろな集まり**

- **morning meeting** 朝礼
- **interview** 面談
- **assessment meeting** 評価面談
- **training session** 研修会
- **debriefing** 報告会、説明会
- **budget meeting** 予算会議
- **board meeting** 取締役会

SITUATION 14　世間話

翔太はボディビルのイベントの常連になりつつある

◀) TRACK **27**

I went to a bodybuilding contest last weekend.

先週末、ボディビルのイベントに行ってきたんだよ。

月曜や火曜などの週の初めに、週末の報告をし合う習慣が英語圏にはあります。went to 〜「〜へ行ってきた」や、そのほか hung out with 〜「〜と遊んだ」などは簡単に言える週末の報告フレーズです。動詞を過去形にすることに注意して、ぜひ覚えて使ってみてください。

EXAMPLE　会話例

:)
I went to a bodybuilding contest last weekend.
先週末、ボディビルのイベントに行ってきたよ。

:o
How was it?
どうだった？

▷ **How did you spend the weekend?**

週末は何をして過ごしたの？

▷ **I had fun doing stand up paddleboarding at Lake Biwa.**

琵琶湖で SUP やって、楽しかったよ。

▷ **There's been a lot of earthquakes lately.**

最近地震が多いよね。

▷ **Did you see the playoff (game) last night?**

昨日の夜の優勝決定戦見た？

▷ **What's the name of the new minister again?**

新しい大臣の名前、なんだったっけ？

What's ～ again? は、なかなか思い出せない事柄を尋ねるカジュアルなフレーズ。

▷ **Money is tight this month.**

今月はピンチなんだ。

ここでのtightは「（お金や予算が）余裕がない」という意味。

ONE STEP!　**You look different (today).**
（今日は）雰囲気が違って見える。

いつも顔を合わせている同僚や、久しぶりに会う友達に対して使えるフレーズです。何が違うのかを探っていく質問が続きます。例えば、Something good happened?「何かいいことでもあった？」やDid you change your hair style?「髪型変えた？」と話を展開していくことができます。

打ち合わせの準備
和也はタイピングがとても速い

◀) TRACK **28**

I'm a genius because I can make such a beautiful document.

こんな美しい資料が作れる俺って天才。

such a beautiful ～は「こんなにも美しい～」という強調表現です。〈such
（＋a/an）＋形容詞＋名詞〉で「形容詞」を強調できます。上の例文では such
が beautiful を強調しています。数えられる単数名詞なら such の後ろに a か
an をつけます。複数名詞なら、such beautiful document<u>s</u> のように複数
形の s をつけます。

EXAMPLE 会話例

Have you finished making the document yet?
資料作り終わりました？

Yes, I'm a genius because I can make such a beautiful document.
はい、こんな美しい資料が作れる俺って天才。

▷ **I have penciled in the meeting for next Friday.**

打ち合わせを仮に来週の金曜日で予定してあります。

pencil in ～で「(予定を) 仮に決めておく」という意味。あとで変更になる可能性があるニュアンスを持つ言い方です。

▷ **Could you send an invite to everyone?**

みんなにインバイト [招待／会議案内] 送っておいてくれる？

この invite は名詞で「招待 (状)」のカジュアルな言い方。スケジューラーやオンライン会議などで、打ち合わせの出席予定者に招待通知を送ること。

▷ **I'll book the meeting room.**

会議室の予約しておきますよ。

▷ **Thank you for bringing this up.**

この話題を持ち出してくれて助かるよ。

bring ～ up で「(話題を) 持ち出す」という意味。

▷ **I'll share the agenda prior to the meeting.**

会議の前に議題を共有しますね。

▷ **Should I make some more copies?**

もっとコピーしといたほうがいいかな？

ONE STEP! **We have everything in order!**
準備万端です！

in order は「順序正しく、きちんと整った」という意味です。準備万端で自信がある場合には、perfect「完璧な」を加えて、Everything is in perfect order!「完璧に準備ができました！」と言うこともできます。

打ち合わせ
翔太は部下の意見を大切にする

Why don't we ask his opinion?

あいつの意見も聞いてみようか。

Why don't we 〜? は「(人に) 〜してみない？」と提案をするときのお決まり
フレーズです。Let's 〜. や Shall we 〜? と同じような使い方ができます。「〜
の意見を尋ねる」は ask *one's* opinion で *one's* には所有格が入ります。

EXAMPLE 会話例

😮 **Why don't we ask his opinion?**
あいつの意見も聞いてみようか？

🙂 **I think that's a good idea.**
ええ、そうしましょう。

▷ **Any questions?**

何か質問はありますか？

▷ **That's one way of looking at it.**

そういう見方もできますね。

▷ **Who are we targeting?**

誰をターゲットにしてるんだ？

▷ **Could I just confirm?**

ちょっと確認してもよろしいでしょうか。

Could I just ～?「ちょっと～してもよろしいでしょうか？」という意味。

▷ **We need to check with the sales department on this.**

これについては営業部に確認しておかないとな。

▷ **Let's wrap up this meeting for today.**

今日のところはこれで打ち合わせを終わりにしましょう。

wrap up ～は「（会議などを）終える、まとめあげる」という意味のカジュアルな言い方。

ONE STEP! **Could we set up a meeting sometime soon?**
近いうちに会議を設定できますか？

set up a meetingで「会議の日取りを決める」という意味。meetingの前に使用するツールを置いてa Teams meetingやa Zoom meetingなどと表すこともできます。直接会って行う会議だと明確にしておきたいときは、a face-to-face meetingと表すとよいでしょう。

17 来客

大事なクライアントは直人が担当している

Thank you for coming.

ご来社いただきありがとうございます。

Thank you for 〜は「〜をありがとうございます」と感謝を伝える定番フレーズ です。Thank you.だけだと何に対してお礼を言っているのか伝わらず、"Thank you for what?" と聞き返されたりすることもあるので、何に対してのお礼なの かを明確に相手に伝えましょう。forは前置詞なので名詞か動名詞の〜ingが続 きます。forのあとの名詞や動名詞を変えるといろいろな感謝を伝えられます。

EXAMPLE 会話例

☺

Thank you for coming.
お越しいただきありがとうございます。

☺

My pleasure. Thank you for having me.
こちらこそ。お招きいただきありがとうございます。

▷ **Please let me show[take] you to the conference room.**

会議室までご案内いたします。

▷ **Shoot, I ran out of my business cards!**

しまった、名刺を切らしてるじゃん！

run out of ～で「～を使い果たす」という意味。

▷ **Soma will be with you in a minute.**

ただいま相馬がまいります。

▷ **We have been expecting you.**

お待ちしておりました。

▷ **I've heard a lot about you from Ichinose.**

一ノ瀬からいろいろ聞いております [お噂はかねがね伺っております]。

▷ **It's nice to finally meet you in person.**

ようやく直接お会いすることができてうれしいです。

電話やメールなどでやり取りを重ねたあと、初めて直接顔を合わせるときの定型フレーズ。

ONE STEP!　**I'm afraid Soma is in a meeting at the moment.**
あいにく相馬はただいま会議中です。

席を外しているときには、このようなフレーズを使うとよいでしょう。Shall I have him[her] call you back later?「後ほどこちらから電話を差し上げるようにいたしますか？」などと続けます。

もうすぐお昼

隼人は最近ラーメンにハマっている

◀) TRACK **31**

I want to eat ramen today.

今日はラーメン食べたいな〜。

〈want to+動詞の原形〉は「〜したい」というカジュアルな表現です。丁寧に言うと〈I'd like to+動詞の原形〉ですが、つぶやく場合はwant toのほうが自然です。発音は「**ワナ**」。「食べる」はeatとhaveのどちらもOK。ramenは今海外でも人気でsushi同様、固有名詞的に使えます。

EXAMPLE 会話例

(⊙)
I want to eat ramen today.
今日はラーメン食べたいなー。

(☺)
Ramen sounds good to me, too.
ラーメンいいねえ。

▷ **I was able to get lots of work done in the morning.**

午前中の仕事、めっちゃはかどったな。

▷ **Maybe I have to work through lunch today ....**

今日はランチする時間はないかも…。

work through 〜は「〜の間休まずに働く」という意味。

▷ **Thanks for asking, but I brought lunch.**

誘ってくれてありがとう、でも今日はお昼持ってきたんだ。

▷ **I'm starving!**

めっちゃおなかすいた！

starving「飢えている」は日常的には「空腹な」をふざけて大げさに言うときの表現。

▷ **Can you get me something to eat?**

何か食べるもの買ってきてくれない？

▷ **I'm having lunch with my client today.**

今日はお客さんと昼食をとるんだ。

ONE STEP! **Let's get a head start.**
ちょっと早く行こうよ。

昼食時間にエレベーターやレストランが混むのを見越して、少し早く行きたいときには get a head start「(競争相手よりも) 先にスタートを切る」を使ったこのフレーズが使えます。同様に、休日の交通渋滞を避けて早めに出ることを get a head start on traffic と表します。

Coffee Break 2.

リスニングの最大のポイント

英語を聞き取るリスニング力について「速すぎて聞き取れない」というお悩みをいただくことがあります。これはスピードの問題だけでなく、文法とイントネーション・アクセントの問題でもあります。実は、リスニング力にも文法が大きく関わっていることが多いのです。

英語のネイティブは、当然ながら無意識に文法を理解しているので、会話中に脱落している音やリンクしている音、弱く発音される音（弱形）があっても、頭でその音を補って意味を理解しています。

英語の文には内容語（ないと意味がわからないもの）と、機能語（文法上必要な語）があり、コミュニケーションを取る際には内容語のほうがより重要です。例えば、I have to go shopping because there's no food in my refrigerator. という文では、go shopping、no food、refrigeratorが内容語で、強く発音されます。ここさえ聞き取れれば、「買い物に行く」「食べ物がない」「冷蔵庫に」→「冷蔵庫に食べ物がないから買い物に行く［行かなくちゃ］」という意味だとわかります。

リスニングは、全部聞き取ろうとするのではなく、意識して内容語にフォーカスするようにしましょう。強く発音される語句を聞き取ることがとても重要になってきます。

SITUATIONS IN THE

AFTERNOON

昼から夕方まで使える
25 PHRASES

FROM MORNING TILL NIGHT

Ikemen

ENGLISH PHRASES

ランチ（会社）

直人の選ぶお店にハズレはない

◀) TRACK **32**

Let's go for lunch, shall we?

一緒にランチ行こっか？

人をお誘いするフレーズはいろいろありますが、元気よく「行こうぜ！」というニュアンスで言いたい場合はLet's 〜, shall we?がぴったりです。Let'sの後ろに続くのは動詞の原形です。

EXAMPLE 会話例

Let's go for lunch, shall we?
一緒にランチ行こっか。

Yes, let's!
うん、行こう！

▷ Meet you downstairs then.

それじゃ、下で待ってるね。

▷ Wow, did your wife make that bento?

すごい、奥さんがそのお弁当作ったんですか？

bento [bento box] は日本のお弁当（箱）を表す語として使われるようになってきています。

▷ Why don't we grab lunch close by?

近場でサクッとお昼済ませちゃわない？

grabは「（食べ物や睡眠を）素早くとる」という意味。

▷ I'll go for pasta today.

今日はパスタにするよ。

go for ～で「～にする、～を選ぶ」という意味。

▷ That curry food truck comes here on Fridays.

あのカレーのキッチンカーは毎週金曜日に来るんだ。

▷ I'll just have lunch at my desk today.

今日は自分の席でお昼を食べるよ。

ONE STEP!

I'll take a rain check.

また今度。／今回はパス。

親しい人からの食事の誘いを断るときに使うカジュアルなフレーズです。rain checkは「雨天順延券」、つまり屋外で行われるスポーツイベントが雨で中止（延期）になったときに渡されていたチケットのこと。How about a rain check?「また今度にしようか？」という使い方もできます。

昼休み

聡史はお弁当を手作りしている

TRACK 33

Taking an exam in the afternoon is depressing ....

午後のテスト鬱だ…。

「試験」はexamination(s)ですが、長いので略してexam(s)と言います（➡ p.42参照）。「試験を受ける」はtake an examで、上の例文では、主語にするために〜ingをつけて動名詞にしています。憂鬱とか嫌な気持ちはdepressingと言います。もし自分を主語にする場合はI'm depressed.と〜ingではなく、〜edをつけて受動態にしましょう。

EXAMPLE 会話例

What's up? You look sad.
暗いけどどうしたの？

Taking an exam in the afternoon is depressing ....
午後のテストが憂鬱なんだ…。

> ## Why didn't I go to a coed school?

なんで共学に行かなかったんだろう？

coed は coeducational「共学 (の)」のカジュアルな言い方。

> ## My mom's coming for the parent-teacher conference.

母親が保護者面談に来るんだ。

> ## The *yakisoba* dog[roll] was already sold out!

焼きそばパン、もう売り切れだった！

> ## I heard he was called to the teachers' office.

あいつ、職員室に呼び出されたんだってよ。

be called to ～で「～に呼び出される」という意味。

> ## Did you know that the next class has been canceled?

次の授業、休講になったって知ってた？

> ## Oh, I want to skip the afternoon classes.

ああ、午後の授業サボりたいな～。

WORD POCKET | 学校関連用語

- **recess** 休み時間
- **detention** 居残り
- **cheating** カンニング
- **bookbag** ランドセル、学生かばん
- **gym suit** 体操服
- **boys'[girls'] school** 男子 [女子] 校
- **boarding school** 全寮制学校
- **dorm** 寮

SITUATION 21 コンビニ

翔太は甘いものに目がない

◀) TRACK **34**

I'm on a diet, but this looks good ....

痩せなきゃいけないけど、これうまそうだな…。

「痩せる（ダイエット中）」は I'm on a diet. あるいは I go on a diet. と言います。lose some weight「痩せる」を使ってもよいでしょう。「おいしそう、うまそう」は、〈look ＋形容詞〉「～に見える」を使って表せます。「おいしい」は good、tasty、delicious どれでも大丈夫です。

EXAMPLE 会話例

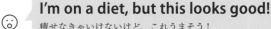

I'm on a diet, but this looks good!

痩せなきゃいけないけど、これうまそう！

Come on, you can have it.

大丈夫だよ、食べなよ。

▷ **I think 7-Eleven's got the best *onigiri*.**

セブンイレブンのおにぎりがいちばんうまいと思うよ。

▷ **I can't resist buying *Famichiki*.**

ついファミチキ買っちゃうんだよね。

can't resist 〜ing で「〜するのを我慢できない」という意味。

▷ **I use the self checkout most of the time.**

ほとんどいつもセルフレジを使うよ。

self checkout は「セルフレジ」のこと。

▷ **Excuse me, are you in line?**

すみません、列に並んでいますか？

▷ **I need to take some cash from the ATM.**

ATM でお金をおろさないと。

take[withdraw] cash from 〜で「〜から現金を引き出す」。ATMはcash machineと呼ぶこともあります。

▷ **This *matcha* cream puff is only available at LAWSON!**

この抹茶シュークリーム、ローソン限定なんだって！

ONE STEP! **I'll have it in the eating area.**
イートインスペースで食べます[飲みます]。

コンビニ店内で飲食ができるコーナーのことを表す「イートインスペース」は和製英語なので、英語で言うとしたらeating areaなどとなります。ただし、eat in「家で食事をとる」という言い方は英語にあります。

22 授業中
翔平の午後は眠気との戦い

Do you mind showing me your notebook later?

悪いけどあとでノート見せてくれない？

Do you mind 〜ing?は直訳すると「〜するのを気にしますか？」となるのですが、「〜してもいいですか？」「〜していただけませんか？」と何か許可を求めたり、頼んだりするフレーズになります。答え方には注意が必要で、もし許可できるなら No、すなわち「気にしない＝いいですよ」となります。

EXAMPLE 会話例

Do you mind showing me your notebook?
悪いけどノート見せてくれない？

Not at all.
いいよ。

▷ **Excuse me, we're missing two copies of the handout here.**

すみません、プリントが2枚足りません。

handoutは「配布資料」。「(学習用の) 練習問題」はworksheet。

▷ **Hey, what page are we on?**

ねえ、いま何ページ？

▷ **Do we have to turn in the paper now?**

いまレポート [答案] を出さないとダメですか？

学校でpaperと言うと「レポート [論文]」「答案用紙」という意味で使われることが多いです。

▷ **We have P.E. next period, right?**

次の時間って体育だったよね？

授業の時間 [時限] はperiodで表します。2時間目はsecond period。「授業」自体はclass(→ p.38)。

▷ **I dozed off for a second.**

ちょっと居眠りしちゃった。

doze offで「うとうとする、居眠りをする」という意味。

▷ **I just love your textbook doodles.**

おまえの教科書の落書き、最高だよな。

doodleは「いたずら書き」。doodle in ～で「～に落書きをする」という意味。

ONE STEP! **When is it due?**
それ、いつまで（ですか）？

提出物の期限を尋ねるフレーズです。itの代わりにthe homework「宿題」や the paper「レポート」、the assignment「課題」など特定の提出物を入れて言うこともできます。答え方はIt's due ～.「それは～までです」となります。

Care for some coffee?

コーヒーいります？

Would you care for some coffee? を略した言い方で、親しい間柄で使います。(Would you) Care for 〜? は Would you like 〜? と同様の表現です。some は数えられる名詞だけでなく coffee などの数えられない名詞の前に置いて、「ちょっと〜でも」というニュアンスをつけられます。上の例文は語尾をcoffee?↗と上げてください。

EXAMPLE 会話例

Care for some coffee?
コーヒーいる？

Yeah, thanks.
うん、ありがとう。

▷ **I don't feel like going back to my desk.**

席に戻りたくないなぁ。

▷ **Whose cream puff is it in the fridge?**

冷蔵庫の中にあるの、誰のシュークリーム？

fridge は refrigerator の短縮語でくだけた言い方。

▷ **My boss finally quit smoking!**

うちの上司、ようやく禁煙したんだ！

▷ **These cookies are a year-end gift from ABC Company.**

このクッキーは ABC 社からのお歳暮でいただいたものです。

▷ **That vending machine is out of order again!**

あの自販機、また故障中だよ！

out of order は多くの人が使う機械が故障中のときに使う言い方。

▷ **Somebody left his lunch box unwashed in the sink.**

流しにお弁当箱洗わないで置きっぱなしにしてるの誰だよ。

ONE STEP!	**First come, first served.**

早い者勝ち。

直訳すると「最初に来た人が最初に（飲食物などを）出される」、つまり「早い者勝ち、先着順」という意味になります。on a ~ basis「~方式で」に当てはめて、Tickets are sold on a first-come-first-served basis.「チケットは先着順で販売されます」という言い方もできます。

オフの予定

拓海は休みの日は出かけたいタイプ

Do you have any plans for your next day off?

次の休みってなんか予定ある？

「予定がある」はhave a plan[some plans]つまり「計画を持っている」と表現します。あるいは「予定は何？」とWhatを使って、What's your plan?やWhat are your plans?のように尋ねることもできます。土日などの休みはoffを使ってI have Saturday[Sunday] off.やI'm off on Saturday[Sunday].と表せます。holidayは長期休暇を指す場合に使います。

EXAMPLE 会話例

Do you have any plans for your next day off?
次の休みってなんか予定ある？

Not really. Why?
特にないけど。何で？

▷ **I've got a free ticket for a movie.**
映画の無料チケット、持ってるんだ。

▷ **Date's been canceled.**
デートはキャンセルになっちゃった。

▷ **I'm visiting my parents' house over the weekend.**
週末は実家に帰る予定です。

▷ **I don't have any plans for now.**
今のところ何も予定はないですよ。

▷ **I'm running in a marathon on Sunday.**
日曜日にマラソン大会に出るんです。
この in は「〜に参加して」という意味。run in a marathon で「マラソン大会に出場する」。

▷ **I'm spending the weekend with my boyfriend at the spa.**
週末は彼氏と温泉で過ごすんだぁ。

ONE STEP! **I love hanging out with my friends on weekends.**
休日は友達とぶらぶらして過ごすのが大好きです。

hang out は、「人とぶらぶらする、何もしないでのんびり時間を過ごす」を意味するくだけた表現です。hang around も同じように使います。何かをする目的があって人に会ったりどこかに行ったりするときには使いません。

オンラインミーティングで好印象を与えるポイント

 リモートワーク、オンラインミーティング、オンラインセミナーなど、「オンライン〇〇」が一気に増え、働き方も急激に変化しましたよね。英語でオンラインミーティングをすることもあるかもしれませんが、その際、あまりうなずかないようにしましょう。日本語ではしっかり聞いているというサインで頻繁にうなずくことも多いと思いますが、これは英語文化ではあまりしません。それに、小刻みにうなずいてもオンラインだとわかりにくいと思います。大きく1度うなずくのはアリですが、英語では短いフレーズで返すことが多いです。

また、これは日本語でも同様ですが、聞くときは無表情になりがちなので、なるべく口角を上げて笑顔で聞いているとスピーカーは話しやすくなります。ジェスチャーも小ぶりだとわかりにくいので、いつもの2倍大げさに、を心掛けましょう。

英語の会話をスムーズにする短い返しフレーズ

- Uh-huh
- Yes?
- Oh yeah?
- That's interesting!
- Really?
- Wow
- Is that so?

オンラインミーティングで使えるフレーズ

オンラインミーティングで使える英語表現をいくつかご紹介します。
ぜひ覚えて使ってみてくださいね。

I'll send you the URL for our online meeting.
オンラインミーティング用の URL を送りますね。

Could you turn on your microphone?
マイクがミュートになってます [マイクをオンにしてください]。

Could you turn off your microphone?
マイクがオンになってます [ミュートにしてください]。

I'm sorry but I can't hear you.
声が聞こえません。

Is it okay for you to share your screen with us?
ファイルの画面共有をしてもらえますか？

I'm going to take a lunch break.
昼休みに入ります。

SITUATION 25 部下を呼び出す（1）

直人の笑顔はたまに怖い

◀) TRACK **38**

I guess you know why you are here.

どうして呼び出されたかわかっていると思うけど。

「なぜここにいるかわかっていると思うけど」と言うことで本題を匂わせています。ここのwhyは疑問詞ではなく関係副詞なので後ろに続く文は〈主語＋動詞〉となります。関係副詞は関係詞節の中で副詞の役割を果たすもので、whyは「〜する理由」という意味の節を作ります。ほかにもwhereやwhen、howなどがあります。

EXAMPLE 会話例

I guess you know why you are here.
どうして呼び出されたかわかっていると思うけど。

I'm afraid not.
すみませんが、わかりません。

▷ To my desk, now!

今すぐ私のデスクに来いっ！

▷ Would you excuse us?

ちょっと席を外してもらえますか？

上司が話のある人以外の人に退室を求めるときに使うフレーズ。

▷ Hey, boss wants to see you in her office.

ねえ、ボスがオフィスに来てほしいって。

▷ Can I talk to you in private?

2 人きりで話せないか？

in private は「ほかの人のいないところで」という意味で、privately に置き換えることができます。反対は in public「人前で、公共の場で」。

▷ I'll make it quick.

手短に言おう [すぐ終わるよ]。

▷ Do you have a moment?

ちょっといいかな？

ONE STEP!

Can I have a word with you?

ちょっと話があるんだけど、いいかな？

(a) word には「短い会話」という意味があるので、have a word with ～ で「～とちょっと話す」という言い方ができます。少し丁寧に I'd like to have a word with you. あるいは強めの命令口調で I need a word with you. などと応用できます。

部下を呼び出す（2）

実は翔太は面倒見がいい

🔊 TRACK **39**

What's wrong?

何か困ってる？

相手の様子が変だったり、何か困っていそうだったりするときに尋ねる表現です。「何かあったの？」や「どうしたの？」と聞きたいときに使えます。What's the matter?「どうしたの？」も同様の表現として覚えておくとよいでしょう。

EXAMPLE 会話例

What's wrong?
何か困ってる？

Well ... I have a little problem with my team members.
それが…チームのメンバーと少し揉めておりまして。

▷ **Come right in and have a seat.**

中に入って、座ってください。

▷ **You look distracted lately ....**

最近気がそぞろなように見えるぞ…。

distractedは「気が散った、取り乱した」という意味。

▷ **You will be in charge of our project.**

君がプロジェクトの担当になるんだ。

▷ **We would like you to be our full-time employee.**

当社はあなたに正社員になってほしいと考えています。

▷ **Did I make myself clear?**

（私の言ったことがはっきりと）わかったか？

目上が目下に使う強めの言い方。

▷ **I thought you might be interested in this new position.**

君が新しいポジションに関心があるんじゃないかと思ってね。

ONE STEP! **You wanted to see me?**
お呼びでしょうか。

呼び出しを受けた側が上司のオフィスに入って言うフレーズです。何について話があるのかは聞いていない状態です。同僚から伝え聞いた場合には、I heard you wanted to see me. と言うこともできます。

SITUATION 27 バイト中の雑談

大は楽しくお金を稼ぎたい

🔊 TRACK **40**

How can I become a famous YouTuber?

どうしたら有名な
ユーチューバーに
なれるかな？

「どうしたら」は言い方を変えると「どうやって」です。それを尋ねる疑問詞は
howです。「なれる」はcan becomeまたはcan be。「有名な」はfamousで
すが、successful YouTuber「成功したユーチューバー」と言ってもいいで
しょう。

EXAMPLE 会話例

🙂 **How can I become a famous YouTuber?**
どうしたら有名なユーチューバーになれるかな？

😮 **Well, all you have to do is to make viral videos.**
うーん、バズる動画作ればいいだけだよ。

▷ **I hope my hourly wage goes up.**

時給、上がらないかなぁ。

wage は「賃金」という意味。

▷ **How's working part-time as a tutor?**

家庭教師のバイトってどんな感じ？

▷ **I'm saving money to study abroad.**

留学するために貯金してるんだ。

▷ **He's the store manager's favorite.**

あいつは店長にひいきされてるよな [店長のお気に入りだよな]。

one's favorite「〜のお気に入り」は場合によっては「〜にえこひいきされている」というマイナスのニュアンスになります。

▷ **That driver looks cute, doesn't she?**

あのドライバーさん、かわいいよね？

▷ **Meals for the employees here are great!**

ここのまかない（料理）っておいしい！

ONE STEP! **I'll work the morning[late/graveyard] shift.**

僕が早番 [夜勤／深夜シフト] 入りますよ。

シフト勤務の働き方では、work the 〜 shift で「〜（の時間帯の）シフトで働く」という表現を使います。時間帯は、early/late や morning/day/night/midnight、「墓地」を表す graveyard を使った言い方（主にアメリカ）など、さまざまな言い方があります。

㉘ 将来について考える

シュンは子どもが5人ほしい

◀) TRACK **41**

I want to get married soon.

そろそろ結婚したいなー。

want to 〜は「〜したい」という意味です。want to の口語発音は「**ワナ**」です。get married は「結婚する」を意味する熟語です。自動詞の marry もありますが get married のほうが一般的です。be 動詞を使用した be married は結婚している状態を表すので混同しないように。

EXAMPLE 会話例

😊
I want to get married soon.
そろそろ結婚したいなー。

😮
Pardon? You don't have a girlfriend, do you?
え？ 彼女いないよね？

▷ **Should I settle down?**

身を固めたほうがいいのかな？

settle down で「落ち着く、身を固める」という意味。結婚だけでなく、就職や定住などの場合にも使われます。

▷ **I'm so worried about my life after retirement ....**

老後が不安すぎる…。

▷ **I'm getting tired of city life.**

都会での生活に疲れてきたな。

▷ **What do you think of a career change to a different field?**

別の業界への転職ってどう思う？

▷ **Maybe I should have a salon of my own ....**

そろそろ自分の店を持ってもいいころかな…。

▷ **He will climb the ladder of success.**

彼は瞬く間に出世するよ。

climb[go up] the ladder of success で「出世階段をのぼる」という意味。ladder は「はしご」のこと。

> ONE STEP!　**What(ever) will be, will be.**
> ケセラセラ [なるようになる]。
>
> ヒッチコック監督の映画『知りすぎていた男』の主題歌 Que Sera, Sera（ケセラセラ）でもよく知られる言い方です。Go with the flow.「流れに身を任せて」という表現もできます。

外回り

翔太は空き時間を有効活用する

◀)) TRACK **42**

Shall we have some coffee in our spare time?

時間が少し空いたからお茶でもするか。

〈Shall we 〜?〉は「〜はどうですか？／〜しませんか？」と人をお誘いする表現です。Let's 〜.「〜しよう」はカジュアルな表現なので、ビジネスなどのお誘いで、丁寧さを出したいときは Shall we 〜? を使いましょう。in our spare time は「空き時間に」という意味です。日本語では「お茶」ですが、tea よりも、一般的には coffee を使うのが自然です。

EXAMPLE 会話例

Shall we have some coffee in our spare time?
空き時間にお茶でもするか？

Sounds all right. Let's!
いいですね。そうしましょう！

▷ **This area isn't familiar to me.**

この辺りはなじみがないなぁ。

▷ **I have a very tight schedule this week.**

今週は予定ぎっしりだ。

▷ **Mr. Sato will be accompanying me this afternoon.**

今日の午後は佐藤さんが同行する予定です。

「〜に同行する」はgo with 〜やaccompanyで表します。

▷ **That's the sales rep from our rival company.**

あの人がライバル会社の営業担当だよ。

営業担当者のことは通常sales representative、略してsales repと表します。

▷ **Do you mind if I go straight home today?**

今日直帰してもいいですか。

▷ **We have to land this big account.**

この大口顧客は獲得しなくちゃな。

landは動詞で「〜を手に入れる」を意味するカジュアルな表現。

ONE STEP! **I know the area around here inside out.**

この辺りのことは知り尽くしていますよ。

inside outは「裏返しに、ひっくり返して」という意味でよく使われますが、know 〜 inside (and) outだと「〜について何から何まで知っている」という意味のくだけた言い方になります。場所について使われることが多いようです。

間違いやすい!?「現在形」と「現在進行形」の使い分け

 英語は時制がとっても大事です。時制の使い分けで頭に浮かぶ絵が変わるからです。ただ、英語の時制は日本語と違い、細かく分かれているので、注意が必要です。

ここでは、多くの日本人が間違いやすい「現在形」と「現在進行形」という2つの時制の使い分けをお伝えします。英語の「現在形」は現在の習慣・状態を、「現在進行形」は今進行中の動作を表します。しかし、この区別が日本人には少し難しいのです。日本語では「習慣・状態」と「進行中の動作」をあまり明確に区別しなくても会話ができてしまいますよね。

例えば「歯を磨いています」。「毎朝歯を磨いています」と言えば習慣ですが、「今歯を磨いています」と言えば進行中の動作になります。どちらも「歯を磨いています」ですが、英語ではこの2つの時制は区別します。

現在形と現在進行形の例文

日本語　私は毎朝歯を磨いています

　　　　↓　「習慣」＝ **現在形**

英語　**I brush my teeth every morning.**

日本語　私は今歯を磨いています

　　　　↓　「今進行中の動作」＝ **現在進行形**

英語　**I'm brushing my teeth now.**

ほかにも、現在形を使うべきときに、日本語につられて現在進行形を使っている間違いをよく聞きます。「（普段は）銀行で働いています。」を I'm working at a bank. と言ってしまうようなケースです。現在進行形では「今この瞬間働いている」という意味になるので、I work at a bank. の方が日本語の意味に近くなります。

なんとなくわかってきた方も多いと思うので、クイズをしましょう。p.44 で紹介したように、私は英語の音読とニュースのリスニングをしています。これを英語にするには、現在形と現在進行形のどちらを使うのが適切でしょうか？

音読とリスニングは（毎朝の）習慣ですので、正解は現在形です。I read aloud and listen to the news in English（every morning）. と言います。

日本語では同じ「〜しています」ですが、表現したいことが習慣や状態なのか、現在進行中の動作なのかを意識しながら英作文を練習することで、英語の「現在形」と「現在進行形」を使い分ける感覚が少しずつ身につくと思います。

仕事でミスをする

徹は明るくミスをフォローする

🔊 TRACK **43**

It completely slipped my mind.

完全に忘れてました。

slip my mindを直訳すると「私の記憶から抜け出る」という意味で、うっかり何かを忘れたときに言います。「忘れる」はforgetに言い換えることもでき、その場合はIを主語にして、I completely forgot it. となります。

EXAMPLE 会話例

Hey, have you finished writing the report yet?

おい、レポート書き終わったか？

Oh, no! It completely slipped my mind ....

やべっ！完全に忘れてた…。

▷ # I didn't see it coming.

まさかこんなことになるなんて思っていなかったんだ。

この see は「〜を予測する」という意味。

▷ # No, this isn't happening to me!

やめてよ、うそでしょー！

目の前の現実を受け入れられないときに使うフレーズ。

▷ # I'm kicking myself for not doing that.

それをしなかったことを後悔してるよ。

kick *oneself* for 〜で「〜を悔やむ」という意味。

▷ # I have to report this to my boss ASAP.

今すぐ上司にこのことを報告しなくっちゃ。

ASAP は as soon as possible の頭文字をつなげたもので「できるだけ早く」という意味。

▷ # We're back to square one.

また一からやり直しだ [振り出しに戻ったな]。

すごろくの最初の升目に戻ることから来た言い方。

▷ # I have a bad feeling about it.

いやーな予感がする。

ONE
STEP!

I'm dead.

もうダメだ。

直訳すると「(私は) 死んだ」ですが「もうダメ、死にそう」というニュアンスで覚えておくとよいカジュアルなフレーズです。失敗して悪いことが起こりそうなときにも、誰かがおもしろいことを言って笑い過ぎて「もうダメ〜」と言うときにも使います。

アドバイスを求める

拓海は弟のことで悩んでいる

◀) TRACK **44**

This is just between us.

ここだけの話にしておいてください。

just between usは「私たちの間だけ」という意味で「秘密ですよ、人に言わないでね、私たちだけのことに」という表現になります。Don't tell anybody.「誰にも言わないで」を上の例文の前に言う場合もあります。

EXAMPLE 会話例

This is just between us.
ここだけの話にしておいてね。

All right. I won't tell anybody.
わかった。誰にも言わないよ。

▷ **I'm stuck (in a difficult situation).**

（厄介な状況に）お手上げなんです〜。

be stuckの原義は「動けない、動かせない」。悪い状況から抜け出せないときに使います。

▷ **What do you think I should do?**

俺、どうしたらいいと思う？

▷ **I can't come up with anything by myself.**

自分じゃもう何も思いつかないです。

▷ **You're the only one who can help me!**

僕を助けられるのはおまえだけなんだ！

▷ **I need your advice.**

アドバイスがほしいです。

▷ **What would you do if you were me?**

もしあなたが僕だったら、どうする？

仮定法過去「もし〜だったら」を使ったフレーズ。

ONE STEP! **You're good at this kind of thing.**

おまえ、こういうの得意じゃん。

アドバイスを求める相手が本当に親しい同僚や後輩のとき、素直に「助けてよ」と言うことができない人にぴったりの表現です。もしかしたら相手にそのまま押しつけることもできてしまうかもしれません。

(32) 友達・同僚を励ます

徹のアドバイスは常に的確

It's all right, it happens.

大丈夫、そういうことってあるよ。

「大丈夫」の表現はいろいろありますが、ここでは It's all right. 「大丈夫」、It happens. 「よく起こることだよ」と言いながら人を慰めたり、励ましたりする表現を紹介しています。It happens (all the time). 「(いつも) 起きることだよ」と all the time をつけ加えて、「よくあることだから大丈夫だよ」と励ましを強調することもできます。

EXAMPLE 会話例

☺ **It's all right, it happens.**
大丈夫、そういうことってあるよ。

☹ **Yeah, you're right. Thanks.**
うん、そうだよね。ありがと。

▷ **Don't take it too seriously.**

あまり気にし過ぎるなよ。

take ～ seriously は「真に受ける」という意味。

▷ **Don't blame yourself.**

自分を責めるなって。

▷ **I promise, everything's gonna be just fine.**

大丈夫、すべてうまくいくからさ。

▷ **You'll get another chance.**

またがんばればいいじゃん。

▷ **You have nothing to lose.**

ダメもとで [失うものなんて何もないんだから]。

▷ **Stop whining.**

くよくよすんなって。

whine は「泣きごとを言う、しくしく泣く」という意味。

ONE STEP!

How are you holding up?
その後調子はどう？

hold up に「持ちこたえる、耐える」という意味があるため、大変な状況や苦難にあった人に対して「（その後）調子はどうですか？」というニュアンスで使われます。例えば、友達が落ち込んでいる様子だったら、How are you holding up? と聞いてあげると相手のつらい状況を汲んだ表現になります。

SITUATION 33 友達・同僚を祝福する

翔太は和也の成功がうれしい

🔊 TRACK **46**

> ## Congrats!
> ## I knew you could do it.
> やったなー！ お前ならできるって思ってたよ。

Congrats! は Congratulations! 「おめでとう」の略です。「思っていた」は
think の過去形 thought を使うこともできますが、この場合は「知っていた」
を意味する knew を使うほうが自然です。could は助動詞 can の過去形です。
do it の代わりに make it「成功させる」で表すこともできます。

EXAMPLE 会話例

Congrats! I knew you could do it.
やったなー！ お前ならできると思っていたよ。

Thank you very much.
どうもありがとう！

▷ **You deserve it.**

がんばってたもんな [君が評価されて当然だよ]。

deserveは「〈賞罰など〉に値する」という意味。よい意味でも悪い意味でも使われます。

▷ **Good for you!**

よかったじゃん！

▷ **Wow, that's the best news ever!**

おお、最高の知らせだな！

▷ **I'm so proud of you!**

誇りに思うよ。

▷ **Your effort paid off.**

お前の努力が報われたな。

pay offは「実を結ぶ、うまくいく」という意味。

▷ **Give yourself a pat on the back.**

自分をほめてあげて。

patは「なでること、手のひらで軽くたたくこと」という意味。

ONE STEP!　**Way to go!**
よくやった！（その調子！／あーあ、やっちゃったね。）

Way to go! は、親しい相手の成功を称えたり健闘を後押しするときに使われるカジュアルな表現で、スポーツ観戦でもよく耳にするフレーズです。ただし、失敗をした人に対する皮肉として使われることもあることを覚えておきましょう。

◀) TRACK 47

I must finish off this chemistry report!

この化学のレポートやっつけないと！

取り組んでいるものを最後まで「終わらせる」や「片づける」という意味の「やっつける」は口語ではfinish offという熟語を使います。食べ物、飲み物を目的語にすると、それぞれ「平らげる、飲み干す」という意味になります。

EXAMPLE 会話例

I must finish off this chemistry report!
この化学のレポートやっつけないと！

I know. The deadline is tomorrow.
そう。〆切明日だし。

▷ **I have to turn in my term paper today.**

学期末レポートを今日提出しなくちゃならないんだ。

turn in ～で「～を提出する」という意味。

▷ **Could you answer the roll call for me next period?**

次の時間、代返お願い！

▷ **I've got a training camp for my club next week.**

来週はサークルの合宿なんだ。

「サークル」は clubや society、group などと表します。合宿は (training) camp と言います。

▷ **I hate having so many 1st-period classes ....**

1 限ばっかですごいつらい…。

▷ **I can't fail English Writing!**

英文ライティングは単位落としたらやばいって！

fail (in) ～で「～の単位を落とす」という意味。flunk (in) ～とも言います。

▷ **I have an essay assignment every week!**

毎週作文の課題があるんだけど！

WORD POCKET　│　**学校のいろいろな課題**

- **book report[review]**　読書感想文
- **picture diary**　絵日記　　● **oral presentation**　口頭発表
- **essay**　作文／小論文／エッセイ　　● **research paper**　研究論文
- **thesis**　学位取得のための論文

> Training is hard, but I enjoy it.
> 練習は厳しいけど楽しいよ。

butの前と後ろにどちらの文を持ってくるのかは強調したいほうで決まります。一般的にbutのあとに来る文のほうが強いので、もし「練習は楽しいけど厳しい」と言いたいなら I enjoy training, but it is hard. と逆にすればOK。

EXAMPLE 会話例

😮 **How do you like your baseball club?**
野球部はどう？

🙂 **Training is hard, but I enjoy it.**
練習は厳しいけど楽しいよ。

▷ **He's skipping practice again!**

あいつ、また練習サボりかよー！

▷ **I'm sure they'll pick you as a starter.**

きっと君が先発メンバーに選ばれるって。

starterは「競技に出る人、先発投手」のこと。

▷ **When's the next swimming meet?**

水泳の大会、次はいつなの？

名詞meetは「（スポーツなどの）競技会」という意味。

▷ **You should take some protein right after your workout.**

練習のすぐあとにプロテインを摂ったほうがいいよ。

▷ **I missed our morning practice.**

朝練休んじゃった。

▷ **Eww, my uniform stinks!**

うわっ、ユニフォーム、くっさ！

stinkは「悪臭がする」という意味。

ONE STEP! **I'm a benchwarmer anyway ....**

どうせ僕は控えだし…。

benchwarmerは文字通り「ベンチを温める人」、つまり「（めったに出場することがない）補欠選手、控え選手」を表すくだけた言い方です。スポーツ以外の場面で比喩的に使われることもあり、「本命が現れるまでの代わりの人」のような意味になります。

放課後

翔平は聡史によく勉強を教えてもらう

Hey, can you
teach me here?

ねえ、ここ教えてくれない？

「ねえ」と話しかけるときはHeyのほか、Listenと注意を向けるのもアリですね。目上の人にはExcuse me.「すみません」が適切です。友達同士、カジュアルに頼み事をするには助動詞Can you 〜? ですが、could やwillを使うと丁寧な感じが出ます。勉強を教えるのはteachですが、道を教えるときなどにはtellを使います。

EXAMPLE 会話例

Hey, can you teach me here?
ねえ、ここ教えてくれない？

All right. Let's see.
いいよ。どれどれ。

▷ **I'm going to be late for cram school.**

塾に遅れそう。

▷ **What are you going to do after school?**

放課後、何か予定ある？

▷ **Sorry, I have a part-time job from 5 p.m.**

悪い、5時からバイトなんだ。

▷ **I have to take a supplementary lesson today.**

今日は補習授業を受けなきゃ。

supplementary は「(学力が低い生徒を対象とした) 補習の」という意味。

▷ **My dorm has a 10 p.m. curfew.**

うちの寮の門限、10時なんだ。

dorm は「寮」を意味する dormitory の略。

▷ **Let's chat at McDonald's.**

マックで語ろうぜ。

ONE STEP! **Hey, wanna join us for karaoke?**

ねえ、カラオケ一緒に行かない？

Wanna[Do you want to] join us for 〜? は「〜のために私たちに加わらない？」という意味で、親しい人をカジュアルに誘う表現です。承諾するときは Sure!「いいよ！」や Sounds good.「いいね」、断るときは I wish I could, but ....「〜したいけど…」などと答えます。

新歓コンパ

大は誰とでも仲良くなれる

You can make a lot of friends at a BBQ party!

BBQ で友達いっぱいできるよ！

友達を何かの集まりに誘うときに、「たくさん友達できるよ！」と言ってみましょう。It's fun to make a lot of friends. と It を主語にして「友達をたくさん作るのは楽しいよ」と言うこともできます。「友達を作る」はそのまま make friends で表すことができます。

EXAMPLE 会話例

😮
You can make a lot of friends at a BBQ party!
BBQ で友達いっぱいできるよ！

🙂
Really? I'd love to go then.
本当ですか？ それなら行ってみたいです。

▷ **Feel free to join us!**

気軽に参加してください！

feel free to ~で「気軽に~する」という意味。

▷ **It'll be absolutely fun!**

絶対に楽しいって！

▷ **Why don't you come to our cherry blossom viewing party?**

僕たちのお花見に来ない？

▷ **You can bring your friends, too.**

友達を連れてきてもいいよ。

▷ **It's a good chance to socialize with people.**

いろんな人と知り合う絶好のチャンスだよ。

socialize with ~で「~と交流する、~と人づき合いする」という意味。

▷ **You'll get to know people from other colleges, too.**

ほかの大学の人たちとも知り合いになれるよ。

get to know ~で「~と知り合いになる」という意味。

ONE STEP!　**We won't pressure you into joining our club.**

入部を無理強いすることはしないよ。

pressure ~ into *do*ingで「~に…することを無理強いする」という意味の表現です。実際に行ってみたらサークルなどに入部するようプレッシャーをかけられるかもしれないと不安に思っていそうな人には、こう声を掛けるといいかもしれません。

電話（ビジネス）

直人はトラブルにも冷静に対応する

◀) TRACK **51**

I'm sorry to bother you, but do you have some time?

お忙しいところ恐縮ですが、
今お時間ありますか？

「お忙しいところすみません」は英語だと、I'm sorry to bother you.「邪魔してすみません」と言います。また Do you have some time?「時間を持っていますか？」と聞くと、「ちょっといいですか？」と確認するフレーズになります。the time と言ってしまうと「今何時？」になるので注意しましょう。

EXAMPLE 会話例

Hello?
もしもし？

Hello, I'm sorry to bother you, but do you have some time?
もしもし、お忙しいところ恐縮ですが、今お時間ありますか？

▷ **Hi, this is Yamada calling from ABC Corporation.**

こんにちは、私 ABC 株式会社の山田と申します。

▷ **Could I have a minute of your time now?**

今少しお時間をいただきたいのですが。

▷ **I thought you might be interested in our latest product.**

当社の最新の商品にご興味があるかと思いまして。

▷ **Sorry, I'm afraid Soma is not available at the moment.**

あいにく相馬は電話に出ることができません。

▷ **I'm sorry, I think I have the wrong number.**

申し訳ございません、番号を間違えたようです。

▷ **Thank you so much for your time.**

お時間をいただき、ありがとうございます。

ONE STEP!　**I make dozens of cold calls in my part-time job.**
バイトでセールスの電話を何十件もかけます。

cold call は、事前の約束なしに見知らぬ相手に対して電話などの売り込みをすることを意味します。飛び込みの訪問販売の場合にも使われる言い方です。I have to cold-call in my job.「仕事で飛び込み営業しなきゃならない」のように、cold-call を動詞として使うこともあります。

友達をイベントに誘う

大は楽しそうなことに目がない

🔊 TRACK **52**

助動詞mustは「〜しなくてはいけない」のほかに推量の「〜に違いない」という意味もあり、確信があるときに使います。上の例文はただ単に推量を表すだけでなく、何かをオススメするときに使えます。I think 〜「〜だと思う」よりも強く自信があるときは、must以外にもI'm sure 〜「〜だと確信している」やI know 〜「〜だと知っている (➡ p.98)」などで表すことができます。

EXAMPLE 会話例

🙂 **You must love this.**
これ絶対好きだと思う。

😮 **Then, I'd better check it out!**
じゃ、試してみるよ！

▷ I have tickets for the summer music festival.

夏フェスのチケットがあるんだ。

日本の「夏フェス」はsummer music festivalとよく呼ばれます。

▷ Who's performing at Fuji Rock this year?

今年のフジロックは誰が出演するの？

▷ I can't wait for the handshake event.

握手会が待ちきれないんだ。

▷ Is this your first time at the Comic Con?

コミコンは初めて？

▷ I've never been to an open-air music festival.

野外のフェスって一度も行ったことないんです。

open-airは「野外の」という意味。outdoorとも言います。

▷ Are you going to the offline meetup after the event?

イベントのあとのオフ会には行く？

offline meetupで「オフ会」という意味。

WORD POCKET | イベント・フェス関連用語

- lineup　出演者の顔ぶれ、ラインナップ
- headliner　主だった出演者　　● rookie　新人
- advance ticket sales　チケットの先行販売
- ticket refund　チケットの払い戻し

Yes, I have five more minutes to finish my work!

よし、あと 5 分で仕事終わり！

上の例文を日本語から訳そうとすると主語は何？となりそうですが、「自分はあと 5 分持っている、仕事が終わるまで」と英語で考えてみると自然です。日本語は特に主語がなくても成り立つところが英語との大きな違いですね。have を使った「時間を持つ」という感覚を覚えましょう。

EXAMPLE 会話例

Yes, I have five more minutes to finish my work!
よし、あと 5 分で仕事終わり！

Do you have any plans today?
今日何か予定でもあるの？

▷ What? It's five already?

えっ？ もう5時なの？

▷ No way, I'm not taking that call.

俺は絶対にあの電話は出ないからな。

take a call で「電話に出る」という意味。

▷ When was the last time I left work on time?

最後に定時に帰ったのって、いつだったっけ？

「定時に帰る」は leave work on time などと表します。

▷ I guess I have to work overtime again ....

また残業しなきゃならないみたいだな…。

▷ She already has her makeup all touched up.

彼女、もうメイク直しばっちりしてあるね。

touch up *one's* makeup で「〜のメイクを直す」という意味。

▷ I'm definitely going home at five today!

今日は絶対に5時で帰るぞ！

ONE STEP!

I have a nine-to-five job.

私は9時5時で働いています。

昔ながらの9時から5時まで働く勤務形態のことを nine-to-five と表します。勤務時間が9時から5時までではなくても、「定時のあるフルタイム勤務」の意味合いで使われることが多いようです。日本語の「9時5時」と同じように、「平凡な会社勤めの」というニュアンスでも使われることもあります。

Are you working overtime, too?

お前も残業してるの？

「残業する」はwork overtimeです。「今〜している」と今現在行っている動作について言う場合は、現在進行形〈be動詞＋動詞の〜ing形〉を使います。「昨日残業したの？」や「今日も残業？」のように相手に尋ねるときは、Did［Will］you work overtime yesterday［today］?のように、workは原形で使います。

EXAMPLE 会話例

😲 **Are you working overtime, too?**
お前も残業してるの？

🙂 **No, I just finished. See you tomorrow!**
いや、ちょうど終わったんだ。また明日！

▷ **I need to take care of this before I can go home.**

帰る前にこれはやっとかなきゃ。

take care of ～は「～を処理する」という意味。

▷ **What am I doing here in the middle of the night?**

真夜中にこんなところで何やってんだろ、俺。

▷ **Something urgent came up and I have to work late.**

急ぎの仕事が入って残業しなくちゃならないんだ。

come upは「(問題などが) 起こる、発生する」という意味。

▷ **Actually, I'm fired up!**

逆にやる気が出たぞ！

actuallyは「意外なことに」という意味でも使われます。fired upは「気持ちが奮い立つ」。

▷ **Working late?**

残業なの？

▷ **See you in the morning.**

じゃあまた明日。

残業を終えて帰るとき、まだ残っている人に声をかけるとしたらこんな言葉。

ONE STEP! **All hands on deck!**
全員で一丸となって取り組むぞ！

急な仕事のトラブルが発生してチーム全員が残業するような事態になったら、ボスはこんなことを言うかもしれません。もともとは船で乗組員を全員デッキ［甲板］に集合させるときに使われる決まり文句です。

退社後の翔太の楽しみは友人と食事をすること

◀) TRACK **55**

I'm totally tired out from working overtime.

今日は残業してヘトヘト。

「ヘトヘト」は疲れ切っている状態を表す日本語ですよね。これを表す英語の表現は、上の例文でも使っているように tired out「疲れ切る」です。ほかに、be exhausted「体力を使い切った」や worn out「疲れてボロボロ」などがあり、それぞれニュアンスが異なります。totally は「完全に、本当に」と強調する語です。

EXAMPLE 会話例

I'm totally tired out from working overtime.
今日は残業してヘトヘト。

Relax. Take a good rest, okay?
リラックスして。よく休みなよ。

▷ **Gotta go now, I wanna catch the rapid train.**

快速電車に乗りたいからもう行くね。

gotta= (have) got to / wanna=want to

▷ **Could you make sure to turn off the AC when you leave?**

帰るときエアコン消すの忘れないでくださいよ。

AC は air conditioner の略語。

▷ **It was a hectic week!**

今週は目がまわるほど忙しかったな！

hectic は「猛烈に忙しい」という意味。

▷ **TGIF!**

やっと金曜日だ！

Thank God it's Friday!「神様ありがとう、金曜日だ！」の略。

▷ **I'm heading home now.**

いま家に向かってるよ。

▷ **I'm done for the day.**

今日はここまでにしとこう。

| ONE STEP! | **I'm punching out.** 退勤します。 |

タイムカードや勤怠管理システムなどに打刻することは punch を使って表します。出勤時には punch in、退勤時には punch out と言います。イギリス英語ではそれぞれ clock in、clock out[off] と言います。

43 昔のことを話す

シュンはカードゲーム好き

Mushiking reminds me of my childhood!

ムシキングなつかしい！

日本語でよく言う「なつかしい」に当たる語が英語にはないので、違う表現をしなくてはいけません。〈A reminds me of 〜〉は「A が私に〜を思い出させる」という表現で、上の例文は「私の子ども時代を思い出させる」という意味です。これがいちばん「なつかしい」のニュアンスに近いと思います。

EXAMPLE 会話例

Mushiking reminds me of my childhood!

ムシキングなつかしい！

Yes, it was so popular.

ホント、流行ったよねー。

▷ **Oh, I used to love this.**

あっ、私もこれ大好きだったんだ。

▷ **My dad would often take me camping on weekends.**

うちのおやじ、週末によくキャンプに連れていってくれたんだ。

▷ **This song takes me back to my high school days.**

この歌を聞くと高校のころを思い出すなぁ。

take ～ back to ... で「～に…を思い起こさせる」という意味。

▷ **It brings back a lot of memories.**

めっちゃなつかしい。

bring back ～で「～を思い出させる」という意味。

▷ **Good old days.**

あのころはよかったなぁ [なつかしいなぁ]。

直訳すると「古きよき日々」。昔をなつかしむ定型表現。

▷ **Wow, I haven't seen him in ages.**

おおー、もうずいぶん長いこと彼に会っていないよ。

ONE STEP!	**Looking back, I should've asked her out that day.**
	今にして思えば、あの日彼女をデートに誘っておくべきだったな。

look backは「振り返って後方を見る」のほかに「過去を振り返る、追想する」という意味もあります。昔を思い返して「今にして思えば、～」と言いたいときは、Looking back (on it now), ～と表せます。Don't look back to[on] your past!「過去を振り返るな！（前を向いて！）」とも言えますね。

英語のブレイクスルー体験

「ブレイクスルー」とは「進歩」や「突破」という意味です。万人に起こるかはわかりませんが、私が体験した「ブレイクスルー」はアメリカのカリフォルニア州に留学して3か月くらい経った頃に起こりました。生まれて初めて Excuse me, can I try these on?「すみません、この靴をはいてみてもいいですか」と英語で試着する夢を見たのですが、この夢を見たあとは、前日までモヤモヤ〜と塊で聞こえていた英語が一語一語ハッキリと聞こえ、意味も手に取るようにわかるようになりました。発音も明らかに変わり昨日までの私とは別人のように英語がハッキリ聞き取れて、格段に話しやすくなったのです。

体験できる!?
英語のブレイクスルー

1日12時間英語のみで話したり考えたりしているとすると、1か月30日で360時間、3か月で1080時間になります。(私の肌感覚ですが、)英語漬けになってだいたい1000時間くらい経つとブレイクスルーが起こるんじゃないかと思います。日本にいると12時間英語漬けというのは難しいかもしれませんが、例えば朝の5分や通勤時間、お昼休みや料理をするときなど、隙間時間を利用して、気づいたときだけでも英語で話したり考えたりしてみましょう。1日合計1時間だと約3年。ですが、意識的に取り組むことで、1日の合計時間も増えていきます。あなたがブレイクスルーを体験するのに、どれくらいの時間がかかるでしょうか? 塵も積もれば山となる。楽しみですね。頑張りましょう!

SITUATIONS AT
NIGHT

★☽

夜から就寝まで使える
29 PHRASES

Welcome
aboard!

FROM MORNING TILL NIGHT

Ikemen

ENGLISH PHRASES

ドライブ
隼人は常に安全運転

◀ TRACK 57

Have you fastened your seatbelt?

ちゃんとシートベルト締めた？

現在完了形〈Have you + 過去分詞〜？〉を使い、「もう締めた？」のニュアンスを出して軽く相手にチェックします。過去形にすると「締めてた？」となるので注意しましょう。「（あなたの）シートベルトを締める」は fasten your seatbelt です。現在完了形では過去分詞を使うので、動詞は fastened になっています。

EXAMPLE 会話例

Have you fastened your seatbelt?
ちゃんとシートベルト締めた？

Yeah, I have.
うん、締めたよ。

▷ **Do you want to go for a drive?**

ドライブに行かない？

▷ **I got shotgun!**

俺、助手席に乗る！

助手席は通常 front[passenger] seat と言いますが、カジュアルに shotgun と表すこともできます。

▷ **Let's stop by at the next rest area.**

次のサービスエリアに寄ろうか。

高速道路のサービスエリアは rest area[spot] などと表します。

▷ **We need to gas up.**

ガソリン入れなきゃ。

gas up で「ガソリンを入れる」という意味。

▷ **Pull over by that tree.**

あの木のそばに車を停めて。

pull over で「(運転手が) 車を道路の脇に寄せる」という意味。

▷ **The traffic jam on the highway is over 30 km long.**

高速、30 キロ以上の渋滞だって。

 ONE STEP!

Buckle up, everyone!
みんな、シートベルトを締めて！

ベルトの金具のことをバックル (buckle) と呼びますよね？ buckle は動詞で使うと「シートベルトを締める」という意味になります。Buckle up. は「シートベルトを締めて」というややカジュアルな言い方ですが、親しい友達どうしのドライブで使うのには持ってこいの表現です。

イベント後

筋トレの話が大半の翔太と隼人

What do you want to do after this?

このあとどうする？

このフレーズは相手の希望を聞き出すような、気持ちを伺うようなニュアンスがあり、相手を気遣う表現として使えます。主語をyouではなくweにして、「私たちはどうする？」と聞くこともできます。その場合はWhat are we going to do after this?です。

EXAMPLE 会話例

What do you want to do after this?
このあとどうする？

How about going to a bar?
バーに行くのはどう？

▷ **Never seen anything like this!**

こんなの初めて見た！

▷ **I want to check out the merch.**

グッズを見てみたいな。

イベントで販売されているグッズは merch（merchandise の略）と表します。

▷ **Look at that new model! It's so hot!**

見て、あの新型モデル！ 超かっこいいじゃん！

▷ **I wanna join this workshop from ten.**

10 時からのワークショップに参加したいな。

▷ **Is this the end of the line?**

ここが列の最後尾かな？

「（人の）列」のことをアメリカ英語では line、イギリス英語では queue と表します。

▷ **Their performance was a blast!**

パフォーマンス、最高だったな！

blast は「楽しい経験、盛り上がった出来事」という意味のくだけた表現。

ONE STEP! **I gotta go hit the head.**
ちょっとトイレ行ってくる。

親しい友達同士でいる最中に「ちょっとトイレ行ってくる」と言う場面で、男性ならば go hit the head というフレーズを使うことがあります。the head とはもともと「船首」という意味で、昔は船首にトイレがあったことが由来です。女性はまず使わない表現です。

友達とディナー

翔太も隼人もお肉派

◀) TRACK 59

Which would you like, chicken or fish?

チキンと魚、どちらが食べたい？

「どちらの…？」と相手に尋ねるときは疑問詞whichを使います。orを含む疑問文はイントネーションがちょっと変わっていて、chicken ↗ or fish ↘と最初を上げて、最後は下げます。答えるときは I'd like ～. あるいは I prefer ～. です。

EXAMPLE 会話例

😮
Which would you like, chicken or fish?
チキンと魚、どちらが食べたい？

🙂
I'm not very hungry. I'd like the salad.
あまりお腹空いてないんだ。サラダにしておくよ。

▷ **Are you a regular here?**

ここの常連なの？

名詞regularは「常連」という意味のカジュアルな言い方。

▷ **Nice place, I like it.**

いいお店だね。

▷ **You shouldn't miss out the paella here.**

ここに来たらパエリア食べなきゃ。

miss outで「(楽しいことを) 逃してしまう」という意味。

▷ **Anything you don't like?**

苦手なものってある？

▷ **About how many people does it serve?**

これってだいたい何人分ですか？

▷ **My treat.**

おごるよ。

one's treatで「〜のおごり」という意味。

 This Margherita Pizza is the chef's signature dish here.

このピッツァ・マルゲリータがここの看板メニューなんだ。

signatureは「署名、サイン」という意味ですが、形容詞的に使うと「(人などに) 特徴的な、代表的な」という意味になります。例えば、chef's signature dishとは「シェフの代表的な料理、看板メニュー」という意味です。最近使われるようになった言い方ですが、新しい辞書には取り上げられています。

I think short hair will suit you.

ショートカットが似合うと思いますよ。

「〜があなたに似合う」は〜suits you. あるいは未来形にして〜will suit you. と言います。suit は名詞だと日本語の「スーツ」と同じですが、動詞には「（服装・色などが）〜に似合う」という意味があります。上の例文では美容師がヘアスタイルのアドバイスをしているので、未来形を使っています。

EXAMPLE 会話例

☺ **I think short hair will suit you.**
ショートカットが似合うと思いますよ。

☺ **Really? I should try it, then.**
本当？ じゃ、やってみようかな。

▷ **How would you like your hair done today?**

今日はどんな髪型にされますか？

▷ **I can see that you've cut your bangs yourself.**

自分で前髪切っちゃったんですね。

▷ **I recommend we thin out your hair a bit.**

髪をすいて軽くするのが僕のオススメですね。

「髪をすく」はthin outで表します。

▷ **We could make your hair color go lighter for a change.**

気分を変えて、もっと明るい髪色にすることもできますよ。

for a changeは「気分転換に」という意味。

▷ **Are you planning to grow your hair long?**

髪は長く伸ばす予定ですか？

▷ **Are you sure you want to have an Afro hairstyle?**

本当にアフロにしたいんですか？

WORD POCKET | 髪の色やヘアスタイル

- blond[blonde]　金髪の
- gray hair　白髪、白髪交じり
- trim　毛先をそろえる
- bun　おだんご
- redhead　赤毛
- frizzy hair　縮れ毛、くせ毛
- split ends　枝毛
- updo　まとめ髪

接客英語（飲食店）

まかないが楽しみな翔平

◀） TRACK **61**

Are you ready to order?

ご注文はお決まりですか？

Are you ready to ～? は直訳すると「～する準備はできていますか？」です。「注文する準備はできていますか？＝ご注文はお決まりですか？」という接客フレーズになります。ほかにWhat can I get you?「何になさいますか？」もよく使います。

EXAMPLE 会話例

Are you ready to order?
ご注文はお決まりですか？

Yes. Please give me a Combo A with French fries and a small coke.
はい。セットAをポテトとSサイズのコーラでお願いします。

▷ **For here or to go?**

店内でお召し上がりですか、お持ち帰りですか？

ファストフードやカフェでは定番のフレーズ。

▷ **Sorry, we're out of veggie burgers now.**

あいにく今ベジバーガーは売り切れなんです。

out of ～で「～を切らしている」という意味。

▷ **Yes, we could have it without the cilantro.**

はい、パクチー抜きにもできますよ。

▷ **200 yen more, and you can have an extra-large serving.**

プラス 200 円で、超大盛にできますよ。

▷ **These pastries are hot out of the oven.**

こちらの菓子パンは焼きたてです。

hot[fresh] out of the oven で「焼きたて」という意味。

▷ **Your total comes to 650 yen.**

合計 650 円になります。

That would be〔値段〕. とも言います。

WORD POCKET | **食事のスタイル**

- **eat in** 店内で食事をとる、家で食事をとる ● **eat out** 外食する
- **order a delivery** 出前をとる
- **take out[take away]** テイクアウトする
- **order a pick-up** 持ち帰りの注文をする

SITUATION
49 合コン
大は合コンの盛り上げ役

🔊 TRACK 62

Can't wait for the singles party tonight!

今夜の合コン楽しみだな！

「楽しみ＝待ちきれない」という意味で(I) Can't wait! の表現はよく使います。主語の I は明らかなので省略することができます。「合コン」は dating party などいくつか言い方がありますが、singles party (独身者パーティー) を上の例文に使用しています。

EXAMPLE 会話例

Can't wait for the singles party tonight!
今夜の合コン楽しみ！

Hope you can meet someone special.
いい出会いがあるといいね。

▷ **How do you guys know each other?**

みなさんは何つながりなんですか？

▷ **Who else is coming?**

ほかに誰が来るの？

▷ **We need one more guy to make up the numbers.**

人数合わせにあと1人男が要るんだよ。

make up the numbers「数を合わせる」という意味。

▷ **I set up this party for you.**

おまえのためにこの合コンをセッティングしてやったんだぞ。

set up ～「(会合など)を準備する」は合コンをセッティングする場合にも使えます。

▷ **What's your type of girl[guy]?**

どんな人がタイプ？

▷ **I don't feel like meeting someone yet ....**

まだ出会いを求めるような気分じゃないんだ…。

ONE STEP! **What time are we meeting? — Eightish.**

何時に待ち合わせているの？— 8時くらい。

時刻を表す数字に-ishをつけると、「～時ごろ、だいたい～時」とぼかした表現になります。同様の意味を表す About eight. や Around eight. よりもだいぶカジュアルな印象になります。時刻だけでなく年齢を言うときにも使えるので、合コンでは Thirtyish. 「30歳くらいかな」なんていう使い方もできるかもしれませんね。

50 趣味・推しについて語る

翔太は走るのが速い

I want to try to run in a marathon race.

マラソンに挑戦してみたいな。

「何か難しいものに挑戦 (努力) しよう」と言うときには動詞 challenge よりも、try のほうが日常会話では自然です。try は後ろに動名詞〜ing も続きますが、to 不定詞を使うと「どんな役に立つのかなどを見つけるために試しにやってみる」というニュアンスになります。試食や試飲は try 〜ing です。ちなみに英語で marathon はフルマラソンのことで、ただ走ることは jog や run です。

EXAMPLE 会話例

🙂 **I want to try to run in a marathon race this year.**
今年はマラソンに挑戦してみたい。

🙂 **Wow! I think that's wonderful!**
わあ！すごいね！

▷ **My new Harley Davidson is coming tomorrow!**

俺の新しいハーレー、明日納車なんだ！

▷ **I spent all night playing *Animal Crossing*, but no regret about it.**

徹夜で「あつまれどうぶつの森」したけど、後悔はしてない。

▷ **It's so relaxing to sit by the bonfire.**

焚き火を眺めてると落ち着くんだよなぁ。

▷ **What's your bias?**

誰推しなんですか？

K-POPグループの話題などでは「推し」をbiasと表します。

▷ **You should check out his YouTube.**

彼の YouTube 見てみてよ。

▷ **You could call me a Star Wars nerd, I guess.**

まぁ、スターウォーズオタクって呼ばれても仕方ないかな。

「オタク」はnerdやgeekで表します。ややネガティブなニュアンスになりうるので注意。

ONE STEP! **I stan for King & Prince.**
私、キンプリの大ファンなんです。

「〜の熱狂的なファンである」を表すくだけた表現にstanがあります。これはstalker「ストーカー」＋fan「ファン」から生まれた造語で、上の例文のようにstan for 〜と動詞として使ったり、I'm a BTS stan.のように名詞として使ったりすることができます。

夕食の買い物

直人のごはんはとてもおいしい

What do you want to eat for dinner tonight?

今晩何食べたい？

家族や恋人などと話しながら夕食の買い物をしているシチュエーションでは、カジュアルなフレーズを使いましょう。What do you want to eat? の発音は「ワル**ユーワ**ナ**イー**ト」。少し丁寧な言い方をしたいのなら What would you like to eat? です。p.30 でも、何が食べたいか尋ねるフレーズを紹介しましたが、いろいろな表現を覚えておくと便利です。

EXAMPLE 会話例

What do you want to eat for dinner tonight?
今晩何食べたい？

Vietnamese might be nice.
ベトナム料理なんかいいんじゃないかな。

▷ **I'll make you my special curry and rice.**

僕の特製カレーライスを作ってあげるよ。

▷ **Lucky me! Sashimi is 50% off.**

ラッキー！ お刺身が半額だ。

▷ **Just some finger foods would be okay with me.**

つまめるものが少しあればかまわないよ。

「おつまみ」は finger foods や nibble と表します。

▷ **Let's just get some sides at the deli tonight.**

今晩はお惣菜で済ませちゃおうよ。

side = side dish「つけ合わせの料理」。deli は「惣菜店、デリ」という意味で、スーパーなどのお惣菜コーナーのことを表す場合もあります。

▷ **What else do I need to buy?**

あとは何を買わないといけないんだっけ？

▷ **What's the secret ingredient in your fried chicken?**

君の作る唐揚げ、隠し味はなぁに？

ONE STEP! **I'll make you dinner at my place.**

うちで夕食作ってあげるよ。

親しい間柄ならば、自分の家に人を呼んで食事を作ることもありますよね。そういうときは、〈make ＋人＋食事〉の形で「〔人〕に〔食事〕を作ってあげる」と言って誘うとよいでしょう。その際、「うち」は at one's place「（～が住んでいる）家、部屋」と表すのが定番です。

Coffee Break 6. 文法を学ぶ必要ってある!?

英会話に文法は必要だと思いますか？英文法が嫌いだったり苦手だったりする方にとっては残念（？）ですが、答えはYESです。英会話のゴールは「英語がわからなくても気にしないでおしゃべり」ではなく、「英文法を無意識に理解しておしゃべり」することなので、英文法も絶対に必要なのです。ただし、ここで言う英文法は、学校や受験の「勉強」のイメージとは少し異なります。例えば、参考書を読むだけでは、知識はインプットできても実際に会話をする能力は上がりません。知識を使って実際に声に出すトレーニングが必要で、知識のインプットとアウトプットの相互作用で英語力が上がっていきます。

また、英会話では、瞬時に言いたいことを英語にする英作文の力も必要です。ただし、書けないことは話せません。話すときはスピードも求められますが、書くときは落ち着いて考えられるので、普段から英語で「これは何て言うのかな？」と考え、それを実際にノートに書くことが良いトレーニングになります。実際の会話では相手が言ったことに対して瞬時に何か返さなければならない状況が多いです。そのために英文法の基礎を理解していることが必須なのです。その上で、次のページでご紹介する実践トレーニングなどをやってみてください。

実践トレーニング

実践してみたくなったところで、英文法を会話につなげるトレーニングをご紹介します。これは私がレッスンで初級者の生徒さんに行っているトレーニングで、瞬発力を鍛えることができます。ポイントは深く考えずにすぐに言えるまで繰り返し練習することです。

中学1年生で習うような基本的な英文 I go to school every day. を例にします。これを YES / NO 疑問文、否定文、3人称の疑問文、3人称の肯定文、WH疑問文に直してみましょう。

YES / NO 疑問文	**Do you go to school every day?**
否定文	**I don't go to school every day.**
3人称の疑問文	**Does he go to school every day?**
3人称の肯定文	**He goes to school every day.**
WH疑問文	**What do you do every day?** **How often do you go to school?**

これなら1人でもできますし、長い文にも挑戦できます。まずは書いてみて、そして言えるか試してください。素早く言えるよう、スピードにも気をつけて。わからなければ復習するチャンス、覚えていたら眠っていた文法知識を活用するチャンスです。文法にも楽しく取り組み、英会話上達を目指しましょう。

Breathing is important in Yoga.
ヨガは呼吸が大事なんだ。

breathing は「呼吸すること」です。importantはessentialにしてもよいです。仮主語 it を使い It is important for us to breathe carefully.「注意深く呼吸することは大事です」と言うこともできます。

EXAMPLE 会話例

Breathing is important in Yoga.
ヨガは呼吸が大事なんだ。

You're into Yoga now, aren't you?
今はヨガにハマってるんだね？

▷ **My pilates class starts in five minutes.**

あと5分でピラティスのクラスが始まる。

▷ **Get down on all fours.**

四つんばいになって。

on all fours で「四つんばいで」という意味。Get down on your hands and knees. とも。

▷ **My body is not so flexible.**

僕、体が硬いんです。

▷ **Gently close your eyes and breathe in through your nose.**

そっと目を閉じて、鼻から息を吸って。

breathe in[inhale]で「息を吸う」、breathe out[exhale]で「息を吐く」という意味。

▷ **I meditate to refresh my mind every morning.**

毎朝瞑想してリフレッシュしてるんだ。

▷ **I fell asleep when I was doing the Corpse Pose.**

屍のポーズしてたら寝ちゃってたよ。

ONE STEP! **Sit with your legs crossed.**
あぐらをかいて座って。

ヨガでポーズの最初に床に座る場合には、Sit with 〜.「〜した状態で座って」という指示がよくされます。このwithは付帯状況のwithと呼ばれ、ある状況に別の状況が伴うことを表しています。「あぐらをかいて座る」は足を組んで床に座るということなので、sit with *one's* legs crossed と言います。

This is a tough one!
これめっちゃキツイ！

「大変な」とか「ハードな」はtoughです。代名詞oneはそのときやっていることを表します。上の例文では筋トレを指しています。代名詞は前に出た内容を指すので、会話に出ていないものについて突然oneと言っても通じません。その場合はoneではなく、training「トレーニング」などの伝えたい名詞を言うようにしましょう。

EXAMPLE 会話例

I'm exhausted! This is a tough one!
超疲れた！これめっちゃキツイ！

Try harder!
がんばれ！

142

▷ **My personal trainer is kind of cute.**

俺のパーソナルトレーナー、ちょっとかわいいんだ。

▷ **I really need to lose some weight.**

マジで体重落とさなきゃな。

lose weightで「体重を落とす、痩せる」。反対はgain[put on] weight「体重が増える[太る]」。

▷ **Wow, she has a six pack.**

すごいな、あの女の人、腹筋われてるよ。

▷ **You should hit the gym more often.**

もっとジムに来いよ。

hit the gymは「ジムに行く」という意味のカジュアルな表現。

▷ **Ten more to go!**

あと10回！

▷ **You're a gym rat.**

お前はいっつもジムにいるよな。

gym ratはジムに入り浸りの人のことを表すくだけた表現。

ONE STEP! **I'm not a quitter!**
俺は三日坊主じゃないからな！

何かを続けようと決めたのに途中で投げ出す人のことをquitterと言います。動詞quit「〜をやめる」に「〜する人」を意味する-erがついた言葉です。〈動詞＋(e)r〉の語は、ほかにもchallenger「挑戦者」、worker「労働者」、dreamer「夢見がちな人」などがあります。

SITUATION 54 病院
シュンは注射が怖い

🔊 TRACK **67**

I hate pain ...!
痛いのは嫌です…!

I don't like pain. あるいは I hate pain. でそのまま「痛いのは嫌い」という意味ですが、I don't want to cry in pain.「痛みで泣きたくありません」という違う言い方もできます。こちらは医者に伝えるのにもっともポピュラーな言い回しです。

EXAMPLE 会話例

I hate pain …!
痛いのは嫌です…!

Don't worry.
ご心配なく。

▷ **My back is killing me!**

腰が痛くて死にそう！

〜 is killing me. で「〜がものすごく痛い」という意味。

▷ **I haven't been able to sleep well at night.**

最近夜あまりよく眠れなくて。

▷ **I hope this is nothing serious.**

深刻な病気じゃないといいな。

▷ **My stomach is heavy.**

胃もたれがするんです。

▷ **Do I have to have my wisdom tooth pulled out?**

親知らず、抜かなきゃダメですか？

wisdom tooth[teeth]で「親知らず[知恵歯]」のこと。

▷ **Could you give me a prescription for a painkiller?**

痛み止めを処方してもらえますか。

give a prescription for 〜で「〜の薬を処方する」という意味。

ONE STEP! **I get a flu shot every November.**
毎年 11 月にインフルエンザの予防接種を受けるんだ。

「インフルエンザ」は日常会話では (the) flu とよく呼ばれます。「注射を打ってもらう」を意味する get a shot と組み合わせて、get a flu shot で「インフルエンザの予防接種を受ける」というフレーズになります。get vaccinated against 〜「〜の予防[ワクチン]接種を受ける」という表現を使って言うこともできます。

No spoilers please.

ネタバレするなよ。

spoilerは「台無しにする人」という意味です。動詞を使って Don't spoil the movie[drama] for me. と言うこともできます。動詞のspoilは「ダメにする、台無しにする、興味を削ぐ」という意味です。

EXAMPLE 会話例

That movie was exciting because ....

あの映画おもしろかったよ、あの場面…。

Hey! No spoilers please. I haven't seen it yet.

おい！ ネタバレするなよ。まだ見てないんだから。

▷ **What kind of movies do you watch?**

どんな映画を見るの？

▷ **Who's your favorite actor?**

好きな俳優は誰？

▷ **You should check out this drama series on Netflix!**

Netflix のこの連続ドラマ、見たほうがいいって！

check out ~ で「~を見てみる」という意味。

▷ **They shouldn't have changed the ending from the original.**

原作からラストを変えないほうがよかったのにな。

▷ **I'm a big fan of Takeru Sato!**

佐藤健の大ファンなんだ！

▷ **This scene makes me cry every time I see this movie.**

この映画何回見てもこのシーンで泣けるんだよね。

ONE STEP! **I binge-watched *SUITS* yesterday.**
昨日『スーツ』をイッキ見しちゃった。

動画配信サービス (streaming services) の普及により、週末にテレビドラマを一気に見る人も多いのでは？「イッキ見する（こと）」はbinge-watchと言います。bingeは「過度に消費すること」という意味で、例えばbinge-eating「どか食い」やgo on a shopping binge「爆買いする」のように使われます。

カラオケ

大はカラオケでも盛り上げ上手

◀) TRACK **69**

It's my turn!
Pass me the microphone!

次、俺！ マイクまわして！

カラオケで歌っていて「次は〜の番だよ」は It's *one's* turn. です。「〜を取って」は pass me あるいは give me を使います。間違って言いがちなのが take me。take me だと「私を連れてって」となるので気をつけましょう。

EXAMPLE 会話例

It's my turn! Pass me the microphone!
次、俺！ マイクまわして！

What are you going to sing?
何歌うの？

▷ **Oh, I love this song!**

あっ、この歌すっごい好き！

▷ **I'd love to hear you sing "Konayuki".**

『粉雪』歌ってくださいよ。

▷ **I told you I'm a terrible singer.**

音痴だって言ったじゃない。

▷ **They always sing this song in harmony.**

あいつら、いつもこの曲でハモるよな。

「ハモる」は sing in harmony や harmonize と表します。

▷ **How about a Golden Bomber?**

ゴールデンボンバーの曲はどう？

〈a ＋歌手やグループ名＋ song〉で「〜の歌、曲」のこと。song は省略可能。

▷ **Can we extend our session for an hour?**

1 時間延長できますか？

extend 〜 for ... で「〜を（時間）延長する」という意味。この session は「活動を行う時間」のこと。

ONE STEP! **Could you turn the volume down a bit?**
音少し下げてもらえる？

音量を調整するときに使えるのが、turn the volume up[down]「音量を上げる[下げる]」というフレーズです。上の例文のように相手に音量調整を頼む言い方を覚えておくと、カラオケだけでなく、オンライン会議などの場面でも使えて便利ですよ。

57 飲み会
直人はお酒に強い

Welcome aboard!
我々のチームにようこそ！

歓迎会での乾杯の挨拶で、組織や会社のグループに誰かを迎えるときに言う
お決まりのフレーズです。「ようこそ我が社に」とか「ようこそ我がチームに」
と歓迎の意を伝えられます。飛行機や船などの乗り物に乗っているときにも
よく聞くアナウンスですね。

EXAMPLE 会話例

😊
Welcome aboard!
チームにようこそ！

😮
Thank you. I'm happy to work with you.
ありがとうございます。よろしくお願いします。

▷ **I'm really excited to work with you.**

みなさんと一緒に仕事ができるのが本当に楽しみです。

▷ **What's your background?**

どんなことしてきたの？

one's background は「（人の）素性、経歴、生い立ち」という意味。

▷ **We're happy to have you on our team.**

君がチームに加わってくれてうれしいです。

▷ **Oh, you're a Minami College graduate? Me, too!**

え、ミナミ大の卒業生なの？ 俺もだよ！

▷ **Do you happen to know Mr. Yoshida?**

ひょっとして吉田さんってご存じですか？

happen to ～で「偶然～する」という意味。

▷ **Um, is he always like that?**

あのー、あの人って、いつもああなんですか？

ONE STEP! | **I heard our new recruit is really smart.**

うちの新入社員、かなり頭がいいらしいよ。

新しく入った人を表す表現はいろいろあります。職場ならば、new employee[staff] や newly hired、new recruit などと言うことができます。もう少しくだけた表現としては、「新入り」を表す rookie や「見習い、新米」を表す probie（「見習い、実習生」を意味する probationer が語源）などもあります。

58 送別会

翔太は退職した人とも仲良くしている

◀) TRACK **71**

Let's keep in touch!

連絡取り合おう！

送別会は farewell party と言います。お別れする人と連絡先を交換しながら Let's keep in touch. と言ったりします。in touch は連絡のことなので直訳すると「連絡を保ちましょう」ですね。少しカジュアルに言いたいときは Keep in touch, okay? のように Let's を使わなくても OK です。

EXAMPLE 会話例

I'll miss you. Let's keep in touch!
寂しくなるよ。連絡取り合おう！

Sure. Are you on Facebook?
そうしよう。Facebook やってる？

▷ **We wish you all the best!**

幸運を祈ります！

all the best は相手の幸運を祈る別れの場面での定番フレーズ。

▷ **It's sad to see you leave, but ....**

君が辞めちゃうのは残念だけど…。

▷ **Thank you so much for the party.**

このような席を設けていただいて、ありがとうございます。

▷ **It's been a great pleasure working with you.**

みなさんと仕事をご一緒できて光栄でした。

pleasure は「喜び、光栄」という意味。別れの場面の定番フレーズ。

▷ **Good luck with your new job!**

新しい仕事、がんばってね！

▷ **When is your last day in the office?**

最終出社日はいつなの？

ONE STEP! **I'll always remember your advice.**
いただいたアドバイスは決して忘れません。

上司の送別会では、お世話になったことに対する感謝とともにこんな一言を添えられるといいですね。I've learned so much from you.「多くのことを学ばせていただきました」と言ってもよいでしょう。

You haven't changed a bit!

全然変わってないね！

haven't changed は現在完了形の否定文です。現在完了には完了・結果、経験、継続の用法があります。上の例文は継続の用法であり、ある状態が過去のある時から現在まで続いていることを表します。過去形は「すでに終わっていて今現在は違う」という意味があり、そこが現在完了と過去形の大きな違いです。否定文で使うと a bit は「ちっとも」とか「全然」という意味です。

EXAMPLE 会話例

You haven't changed a bit!
全然変わってないね！

Haven't I? Everyone tells me that.
そうかな？ みんなそう言うんだよね。

▷ She's my high school sweetheart.

高校のころ、彼女とつき合ってたんだ。

sweetheart は「恋人」という意味。少し古い表現なので敢えて遠い昔のことだという意味を含みたいときに。

▷ Isn't that your ex over there?

あそこにいるの、あなたが昔つき合ってた人じゃない？

ex は ex-boyfriend [girlfriend] あるいは ex-husband [wife] の略で、「過去に恋人 [夫婦] 関係にあった人」のくだけた言い方。

▷ Am I the only single guy here?

この中で独身って俺だけ？

▷ I didn't recognize you!

誰だかわからなかったよ！

▷ He was the last person I wanted to see.

あいつには会いたくなかったんだよなぁ。

▷ She has transformed herself into a career woman.

彼女、すっかりバリキャリだね。

transform は「〜を変貌させる」という意味。

WORD POCKET | **同窓会関連の言葉**

- **reunion** 同窓会
- **organizer** 幹事
- **Class of 2010** 2010年度卒業生
- **alumni directory** 同窓会名簿
- **yearbook** 卒業アルバム

英会話は＋αでもっと楽しくなる！

「英会話」や「英語学習」と聞くと、どうしても学習の面を思い浮かべる方が多いと思いますが、英語はあくまでコミュニケーションのツールなので、言語だけが重要なのではありません。例えば日本語の場合でも、日本人で日本語が話せるイコール日本語の会話上手、雑談の達人というわけではありませんよね。「雑談の仕方」という本があるくらいなので、日本語の会話とはいえ、練習も場数も必要です。英語も同じで、「英語が理解できる＝コミュニケーションが上手い」というわけではありません。実は言語以外の要素も大事になります。

では、コミュニケーション上手になるにはどんな要素が必要でしょうか。これを知って実行すれば、英会話のスキルアップにつながるだけでなく、コミュニケーションのスキルも確実に上がりますので実践してみてくださいね。

3つのポイント

1. 感じの良い態度

意外に見過ごしがちな「態度」の問題。日本人は真面目な方が多いので「真剣に取り組もう」「英語を聞き取らなきゃ」と思うあまり、真顔になりがちです。肩の力を抜き、口角を上げて笑顔を心がけましょう。そして身体は正面を向き、目を見ましょう。目をそらしたり違う方を見たりすると「自信がない」「やましいことがある」「嘘をついている」などと誤解されてしまい、良いことは全くありません！ 英語に自信がなくても背中を丸めたりせず堂々としていましょう。

2. 質問されたら聞き返す

英会話はQ & A（質問と回答）ではないので、何か聞かれたら、質問に答えたあとに相手にも必ず質問を聞き返すようにしましょう。初心者の方は最初は答えるのに精一杯かもしれませんが、ある程度答えたらHow about you? や Tell me about yourself. と言ってみるようにしましょう。

3. 答え方

何か言われて Nothing. などと答えたりするのはNGです。例えば How was your weekend? 「週末はどうだった？」と聞かれて Nothing. 「別に」と答えるのはコミュニケーションの放棄ですよね。「何をしたかな？ 英語で何と言うかな？」と考えてみてください。

会話例

| A | **What did you do yesterday?** 昨日何してた？ |

B **I cleaned my room and watched YouTube. How about you? What did you do?**
部屋の掃除して YouTube 見たよ。 あなたは？ 何してた？

一見何でもないことでも躊躇せず言ってみてください。きっと会話が続くはずです。

家に帰ったとき

和也は帰宅後はゆっくりしたい

I'm too tired to cook dinner.

疲れすぎて夕飯の料理つくれない。

too ~ to ... は「~すぎて…できない」と言う構文です。〈so ~ that + 主語 + can't ...〉「とても~なので…できない」でも言い換えることができます。上の例文だと I'm so tired that I can't cook dinner. になります。あるいは「…なので~」と I can't cook dinner because I'm too tired. とも言えます。

EXAMPLE 会話例

😮
I'm too tired to cook dinner.
疲れすぎて夕飯の料理できない。

🙂
I know. Let's eat out.
だよね。外食しようよ。

▷ **Hey, I'm home.**

おぅ、ただいま。

▷ **I'm dead tired today.**

今日は死ぬほど疲れた。

▷ **You're soaking wet from the rain!**

お前、雨でびしょぬれじゃん！

soaking wetで「びしょぬれになって」という意味。dripping wetとも言います。

▷ **My legs are all swollen!**

脚がむくんで超パンパン！

swollenは「（体の一部が）腫れる」を意味するswellの過去分詞。このallは副詞「すっかり」という意味で、swollenを修飾しています。

▷ **I'm starving! Anything left to eat?**

腹減ったぁ！ 何か食べるもん残ってる？

▷ **Sorry, did I wake you?**

ごめん、起こしちゃった？

ONE STEP! **Don't forget to wash your hands and gargle.**
忘れずに手洗い、うがいして。

家に帰るとお母さんが子どもに口うるさく言うイメージがある表現ですね。Don't forget to 〜.で「忘れずに〜しなさい」という意味です。風邪予防などのためのガラガラうがいをすることはgargleと言いますが、歯医者などで口をゆすぐうがいをすることはrinse *one's* mouth with waterと言います。

サプライズ

シュンは人の誕生日を覚えるのが得意

Don't tell him!
Keep this a secret!

アイツに絶対に言うなよ！

否定形の命令文にして「言うな」と言います。「誰にも言うな」だと Don't tell anyone! です。Keep this a secret! は直訳すると「このことは秘密に保て！」と命令形ですが、「内緒でね」とか「ここだけの話にしておいて」と言うときに使います。

EXAMPLE　会話例

Don't tell him! Keep this a secret!
アイツに絶対に言うなよ！

Yep. My lips are sealed.
もちろん。教えるわけがない。

▷ **Let's throw a surprise birthday party for him!**

彼の誕生日にサプライズパーティーを開こうよ！

▷ **Set up a LINE group to invite the guests in secret.**

内緒で参加者を招待するために LINE グループを作って。

set upで「〜を設定する、準備する」という意味。

▷ **But he hates surprises.**

でも、彼はサプライズって嫌いだよ。

▷ **You got me!**

やられた！[一本とられた！]

サプライズにひっかかったときに使う表現。

▷ **Shh, hush, he's coming!**

シー、静かにして、彼が来るよ！

hush は「黙る、静かにする」という意味。

▷ **I knew you were up to something!**

何か企んでるなと思ってたんだ！

up to 〜で「（悪いことを）計画して」という意味。

ONE STEP!	**Come on, don't be a party pooper!**
	ちょっとぉ、空気読んでよー！

楽しい雰囲気に水を差す人や座を白けさせるような言動をする人のことを表すカジュアルな表現にparty pooperがあります。I hate to be a party pooper, but I have to go now.「せっかく盛り上がってるのに悪いけど、もう帰らなくちゃ」という使い方もできます。

翔平のスマホはバッテリーの減りが早い

🔊 TRACK **75**

Do you have a smartphone charger?

スマホの充電器ある？

「充電器」は (battery) charger です。「持っている？」と聞くときによくある間違いは、現在進行形 Are you having 〜? としてしまうことです。所持しているかを尋ねる場合は進行形ではなく必ず現在形を使いましょう。特に会話ではとっさに出てしまうので注意が必要です。

EXAMPLE 会話例

Do you have a smartphone charger?
スマホの充電器ある？

Yes, here you are.
あるよ、ほら。

▷ **It looks like I used up all my data.**

通信量が上限超えたみたいだな。

▷ **What? I'm losing you.**

何？ 聞こえないんだけど。

▷ **You're breaking up.**

電波が悪いみたい。

break upは「人の声が途切れている」という意味。

▷ **Call me on my cell.**

携帯（電話）に連絡して。

cellはcellphone「携帯電話（スマホを含む）」の略語。

▷ **Are you still using a flip phone?**

まだガラケー使ってるの？

flip phoneは厳密には「折り畳み式携帯電話」のことですが、ガラケーを指して使われています。

▷ **Uh-oh, my smartphone is about to die.**

やばい、スマホの充電切れそう。

about to dieで「（使用中の機械が）使えなくなりそう」という意味。

ONE STEP!	**Stop it, texting and driving is dangerous!**
	やめて、「ながら運転」は危ないってば！

運転をしながらスマホを操作する「ながら運転」のことは、texting and driving またはtexting while drivingと言います。同様に、「歩きスマホ」はtexting while walkingと表されます。厳密に言うと、textingは「携帯メールを送ること」という意味ですが、スマホ操作全般を指していると考えてよいでしょう。

晩ごはん（自宅）

直人はワインの知識が豊富

Can I open the wine you bought for me?

君が買ってくれたワイン開けてもいい？

「あなたが私に買ってくれたワイン」は、〈主語（you）＋動詞（bought）〉のまとまりを名詞the wineのすぐ後ろに置き、後ろから名詞を修飾する形で表します。the wine I like「私が好きなワイン」やthe wine I drank last time「私が前回飲んだワイン」などいろいろ言えます。the wineとyou boughtの間に関係代名詞のwhich やthatを入れて言うこともできます。

EXAMPLE 会話例

Can I open the wine you bought for me?
君が買ってくれたワイン開けてもいい？

Of course. I hope you like it.
もちろん。気に入ってくれるといいんだけど。

▷ **This *niku-jaga* is one of my grandma's recipes.**

この肉じゃがはうちのおばあちゃんの秘伝の味なんだ。

「肉じゃが」は Japanese meat and potato stew と説明的に表すこともできます。

▷ **Ta-da! I made this borscht for you!**

ジャーン！ このボルシチ、君のために作ったんだ！

▷ **It tastes ... interesting ....**

お…おもしろい味だね…。

▷ **You've got rice on your cheek.**

ほっぺにごはんついてるぞ。

▷ **Saury is so rich in fat this year.**

今年のサンマ、めっちゃ脂がのってるね。

▷ **I'm eating brown rice these days.**

最近、玄米食べてるんだ。

ONE STEP!

I'll whip something up for you.
チャチャっと何か作るよ。

whip という動詞と聞くと、「むちで打つ」や「（クリームなどを）手早く泡立てる、ホイップする」という意味がまず思い浮かぶかもしれませんね。両者にはすばやい動きが共通しています。上の例文で使われている whip up も、「（料理を）さっと用意する」という意味のカジュアルな言い回しです。

晩ごはん（外食）

シュンと萩原兄弟はよく一緒にごはんを食べる

🔊 TRACK **77**

Let's share and have this.

これシェアして食べようぜ。

日本語で「シェアする」は英語でも動詞shareが使えます。「〜しよう」は〈Let's＋動詞の原形〉を使って表します。haveは「食べる」にも「飲む」にも使えます。上の例文ではhaveの代わりにeat「食べる」を使ってもいいですね。

EXAMPLE 会話例

☺ **Let's share and have this.**
これシェアして食べようぜ。

☺ **Fine, it looks nice.**
いいね、おいしそう。

▷ **I'll start off with a beer.**
とりあえずビール。

▷ **Make it two, please.**
同じものをもう1つください。

▷ **I don't think we ordered this ....**
これ注文してないんですけど…。

▷ **How about the chicken hot pot?**
水炊きにしようか？
「鍋もの」はhot potと表し、何の鍋なのかを説明的に加えるとよいです。

▷ **Can I get a refill, please?**
同じのもう1杯ください。
ドリンクのおかわりをするときに使うフレーズ。

▷ **They're taking the last orders now. Want anything?**
もうラストオーダーだって。何か頼む？
「ラストオーダー」はlast orders[call]と言います。ordersは複数形になることに注意。

ONE STEP!
I can get tipsy with a sip of beer.
ビールひと口飲んだだけでほろ酔い気分になれるんだ。

完全に酔っぱらった状態はdrunkで表しますが、それよりも程度の軽い「ほろ酔い」の状態はtipsyという口語表現で表します。get tipsyは「ほろ酔い気分になる」という意味です。a sip of 〜は「〜をひとすすり、〜をひと口」という意味です。

お風呂

隼人は熱々のお風呂が好き

I can forget everything when I take a bath …!

風呂は命の洗濯だ…！

アニメ版『新世紀エヴァンゲリオン』第2話で出てきた有名なセリフですね。do the laundry とか life washingとか言いたくなりますが、このセリフの意味を考えてみましょう。ここでは、「リラックスする、嫌なことを忘れられる」ということだと思います。

EXAMPLE 会話例

I can forget everything when I take a bath …!
風呂は命の洗濯だ…！

It's much better than just taking a shower.
シャワーだけよりずっといいよね。

▷ **I just take a shower most of the time.**

シャワーだけで済ませることが多いかな。

▷ **Which bath salt should I use today?**

今日はどの入浴剤にしようかな〜？

「入浴剤」は bath salt や bath powder と表すことが多いです。

▷ **This shampoo smells so nice!**

このシャンプー、いい香り！

▷ **Nothing's more delightful than a glass of cold milk after a bath.**

風呂上がりの冷たい牛乳は格別だよね。

Nothing is more 〜 than ... で「…ほど〜なものはない」という意味を表します。

▷ **Which shampoo do you use?**

どのシャンプー使ってるの？

▷ **Oh, I got body wash in my eyes.**

わっ、ボディソープが目に入っちゃった。

ONE STEP! **A long soak in the bath will wash away all the stress!**
ゆっくりお湯に浸かればストレスが洗い流されるわ！

「長風呂」はふつう a long bath と表し、I take[have] a nice long bath every day. のように使います。ほかには上の例文のように a long soak と言うこともできます。名詞の soak は「（液体にしっかりと）浸すこと」という意味があり、そこから少しくだけた感じで「入浴」という意味でも使われることがあります。

リラックスタイム

拓海の冷蔵庫はビールでいっぱい

There's nothing better than a beer after a nice bath.

風呂上がりのビールは格別だな。

There is nothing better than 〜. で「〜ほどよいものは何もない」という フレーズです。つまり「〜が最高！」という意味になります。beerは数えら れない名詞ですが、「1杯のビール」としてa beerと言うことができます。違 う表現で言うとしたら A beer is excellent after a bath. でもいいですね。

EXAMPLE 会話例

There's nothing better than a beer after a nice bath.

風呂上がりのビールは格別！

Yes! And the beer must be cold!

そう！ それとビールは冷えてないとね！

▷ **I get to watch the latest *Demon Slayer* at last!**

やっと『鬼滅の刃』の最新映画を見られるぞ！

get to 〜で「（希望がかなって）〜する機会を得る」という意味の口語的な言い方。

▷ **Watching comedy shows relieves stress.**

お笑い番組見るとストレス解消されるんだ。

▷ **I'm rewarding myself with this pumpkin pudding.**

がんばった自分へのご褒美は、かぼちゃプリン♡

「自分へのご褒美をあげる」や「自分を誉める」は reward *oneself* で表します。

▷ **I love to unwind over plum wine at the end of the day.**

1日の終わりに梅酒飲んでくつろぐのが最高。

▷ **I wish someone bought me a massage chair.**

誰かマッサージチェア買ってくれないかなぁ。

▷ **I'm happy just staring at my plants.**

ただ観葉植物を見ながらぼーっとするのが幸せ。

ONE STEP! **I wear comfy clothes when I'm home.**
家では楽な服を着るよ。

「部屋着」は loungewear や comfy clothes などと表すことが多いです。comfy は「心地よい、楽な」を意味する comfortable を略した語でカジュアルな表現です。「ルームウェア」は和製英語なので通じない可能性が高いです。

ネットショッピング

翔平はネットで服を買ってよく後悔している

🔊 TRACK 80

Wow! This hoodie is awesome.

うわ！ このパーカーめっちゃいい。

カタカナ表記の洋服は和製英語が多いので注意が必要ですね。英語だと思ってそのまま言っても通じないことが多いです。上の例文のパーカーもそうです。英語ではhoodie［hoody］と言います。ほかに間違いやすいものとしてはトレーナーで、英語ではsweatshirtです。

EXAMPLE 会話例

😮 **Wow! This hoodie is awesome.**
うわ！ このパーカーめっちゃいい。

🙂 **You should check the product reviews first.**
まずレビュー見てみなよ。

▷ **Maybe I'm addicted to online shopping.**

俺たぶんネットショッピング依存かも。

be addicted to ～で「～に依存している、～中毒な」という意味。

▷ **It's bought up by the resellers.**

転売ヤーに買い占められてるね。

▷ **Uh-oh, I maxed out my credit card!**

やばっ、クレジットカードの限度額超えちゃった！

max out ～は「～を目いっぱい使う」という意味のくだけた表現。

▷ **I have to spend another 900 yen to get free shipping.**

送料無料にするにはあと 900 円使わないといけないんだ。

▷ **That incredibly comfortable sofa came back in stock.**

人をダメにするソファーが再入荷された。

in stock で「在庫がある」状態を表すので、come back in stock は「再入荷する」という意味。

▷ **You can get a better bargain online, you know.**

ネットのほうが安く買えるじゃないですか。

WORD POCKET	通じない和製英語 （洋服などのファッション関係）

和製英語	正しい英語
●ワンピース	dress
●マフラー	scarf
●ピアス	(pierced) earrings

スマホアプリ・ゲームをする

大はゲームの世界でちょっとした有名人

🔊 TRACK **81**

Can I open the loot box ...?

ガチャ回そうかな…?

ガチャは日本語ですが、スマホゲームの普及から世界でも使われるようになってきているのでそのままgachaでもいいです。英語ではloot boxやloot crateと言います。「回す」はturnですが、ここでは意味を考えるとopen「開ける」が適切です。

EXAMPLE 会話例

😮 **Can I open the loot box ...?**
ガチャ回そうかな…?

🙂 **One time is okay.**
1回ならいいじゃん。

▷ **I can't live without Uber Eats now.**

もう Uber Eats なしじゃ生きられない。

▷ **I always retouch my photos to make them ready to post on social media.**

SNS にすぐアップできるように、いつも写真を加工してるよ。

「(写真を) 加工する」は retouch や edit、photoshop で表します。

▷ **I'm looking for a good restaurant on Tabelog.**

食べログでいいレストラン探してるところ。

▷ **My boyfriend is just glued to gaming on his smartphone.**

私の彼氏、ホントにスマホゲームにかじりついてるんだよね。

be glued to ～で「～に釘づけになる、～に夢中になる」という意味。glue は「糊」のこと。

▷ **Do you use a taxi app?**

タクシー配車アプリって使ってる？

▷ **Do they have a mobile version of Minecraft?**

マイクラってモバイル版もある？

WORD POCKET | **スマホアプリ関連用語**

- **mobile apps** スマホアプリ
- **photo editing[retouching]** 写真加工
- **ad-free** 広告なしの
- **in-app purchases** アプリ内課金

恋人と電話

翔太は恋人にもツンデレ…？

When can we get together?

次、いつ会えそう？

get togetherは「会う、一緒に過ごす」、恋人となら「デートする」という意味になります。上の例文の主語はweですが、IにしてWhen can I see you?あるいはyouにしてWhen can you see me? と言うこともできます。

EXAMPLE 会話例

😮

When can we get together?
次、いつ会えそう？

🙂

I want to see you this weekend. How does that sound?
今週末会いたい。予定どう？

▷ **I was just about to call you.**

ちょうど電話しようと思ってたの。

▷ **You sound tired.**

なんか疲れてるみたいだね。

▷ **How was your day today?**

今日はどんな1日だったの？

▷ **What's eating you?**

何イライラしてるんだよ？

eat には「〜を困らせる、悩ます」という意味があります。ややくだけた表現。

▷ **I wish you were here ....**

あなたが今ここにいたらいいのにな…。

仮定法を使った表現。

▷ **I don't want to hang up yet.**

まだ電話切りたくないな。

ONE STEP! **You are an open book.**

おまえってホント隠し事できないやつだな。

open book は直訳すると「開いている本」ですが、転じて「わかりやすい、隠し立てしない」といった意味で使われます。My face is an open book.「私は思っていることがすぐ顔に出るんです」のようにも使われます。

SNS を使う

拓海は写真を撮るのも得意

🔊 **TRACK 83**

Look! It's so instagrammable!

見て！ めっちゃインスタ映え！

Social Media［SNS］の造語である「インスタ映え」は、英語ではinstagram に -able「…できる」をつけて instagrammable と言います。worth 〜ing「〜 する価値がある」を使って It's worth posting on instagram. と言ってもよ いでしょう。postingはsharingでもOKです。ちなみに英語ではSNSとは 言わずSocial Mediaと言います。

EXAMPLE 会話例

Look! This is a beautiful place. It's so instagrammable!

見て！ きれいな場所。めっちゃインスタ映えしそう！

Yeah, it's nice!

うん、いいね！

▷ **She's been ignoring my texts recently ....**

最近彼女に既読スルーされてる…。

▷ **I'm trying to get one million followers on Instagram.**

インスタでフォロワー数 100 万人めざしてるんだ。

▷ **Don't post stupid tweets, or you'll get flamed.**

バカなツイートすると、炎上するぞ。

発言などにネット上で批判が集中することは、日本語の「炎上する」と同様に「炎」を表す flameを使って、get flamedと言います。

▷ **Mom always uses weird stickers on LINE.**

いっつもおかんが LINE で変なスタンプ使うんだ。

LINEスタンプは「ステッカー、ラベルシール」という意味のstickerで表します。

▷ **Can I share this pic on Facebook?**

この写真、Facebook にアップしてもいい？

▷ **His posts are all selfies.**

彼の投稿、自撮りばっかりじゃん。

ONE STEP!

Gram it!

それ、インスタに投稿しなよ！

Instagramはすでに「インスタグラムに投稿する」を意味する動詞として定着し、辞書にも掲載されています。そして、一部の人たちの間では、Instagramが簡略化されたgramという、よりくだけた言い方が使われるようになっています。

寝る前

YouTube を見て朝を迎えることが多々ある聡史

◆) TRACK **84**

I can't stop watching YouTube before going to bed ....

寝る前の YouTube やめられない…。

can't stop 〜ing は「〜することをやめられない」という意味です。「ハマってる」という表現はほかに I'm into 〜もあり、I'm into watching YouTube .... でも表せます。before はここでは前置詞なので、後ろには名詞か動名詞が続きます。

EXAMPLE 会話例

(・o・)
I can't stop watching YouTube before going to bed ….
寝る前の YouTube やめられない…。

(・‿・)
I know. It's dangerous.
そうそう。危険だよね。

▷ **Did you brush your teeth?**

歯磨いた？

▷ **I need to put some water in the humidifier.**

加湿器に水を足さないとな。

humid「多湿な」+ -ify「〜化する」+ -er「〜をするもの」。

▷ **I'll check social media once more before going to bed.**

寝る前にもう1回 SNS をチェックしよっと。

▷ **What time should I get up tomorrow?**

明日は何時起きなんだっけ？

▷ **Trust me, a nightcap isn't good for you.**

マジで寝酒はよくないって。

▷ **I might have another sleepless night.**

今日もまた眠れないかもな。

> **ONE STEP!** **Hot cocoa is my favorite bedtime drink.**
> 寝る前に飲むならホットココアが好きかな。
>
> bedtime は「寝る時間」という意味ですが、「寝る前の」と訳したほうが自然な場合もあります。代表的なものは、bedtime story「(寝かしつけの際に子どもに聞かせる)おとぎ話」です。上の例文のように、「寝る前の〜、寝る前に〜するもの[こと]」と言いたいときに使うといいですね。

SITUATION 72 眠れないとき

直人が腕枕をするのは愛猫

🔊 TRACK **85**

Do you want to sleep on my arm?

腕枕しようか？

英語では「腕の上で眠る」と言うことで「腕枕をする」という意味になります。use my arm as a pillow「自分の腕を枕に使う」でもいいですね。上の例文はDo you want to 〜?を使って、「〜したい？」と聞いています。

EXAMPLE 会話例

😮 **I'm so tired today. I feel sleepy.**
あ〜今日は疲れた。眠い。

🙂 **Do you want to sleep on my arm?**
腕枕しようか？

▷ **Are you still up?**

まだ起きてるの？

▷ **It's already past 2 a.m.**

もう2時過ぎてるよ。

▷ **You really need to get some sleep.**

寝ないとダメだよ。

▷ **I can't get to sleep.**

眠れないんだ。

get to sleep で「寝つく」という意味。

▷ **What's keeping you awake?**

どうして眠れないんだい？

〈keep + 人 + awake〉で「〜を目が覚めた状態にしておく」という意味。

▷ **It's just jet lag, I guess.**

時差ボケしてるだけだと思う。

jet lag で「時差ボケ」という意味。

ONE STEP!

I can't stop eating ramen for midnight snacks.
夜食にラーメン食べるの、やめられない。

「夜食」は食べる時間帯にかかわらず midnight snack と表します。snack は「スナック菓子」以外にも「軽食」を意味します。ややカジュアルな表現ですが、夜食をとることを midnight snacking、夜食をよく食べる人のことを midnight snacker と呼びます。

School Trip

修学旅行

翔平と聡史は修学旅行で京都・奈良へ。神社仏閣を巡ったあと、1泊目は旅館に宿泊。同級生みんなテンション高い！　グループに別れて和室の布団で就寝。寝る前に話すことは…もちろん恋バナ！

Do you have a crush on someone?

誰か好きな子いる？

crushは名詞で「恋い焦がれる強い思い、（長く続く愛ではなく）一過性の恋」を表します。have a crush on A で「A に恋をする、A にのぼせる、A に熱をあげる」という意味になります。

▷ **I'm so happy we could come together.**

一緒に来れてめちゃくちゃ嬉しい。

▷ **Oh my gosh! Isn't Kinkaku-ji gold!?**

うそー！　金閣寺って金色じゃないの !?

▷ **Yatsuhashi would be good for the souvenir.**

お土産は八つ橋がいいかな。

▷ **I've wanted to dress up like a Maiko-san.**

ずっと舞妓さんに変身してみたかったんだー。

dress up で「おしゃれする、特別な服装をする」という意味。

▷ **I have no more than 300 yen ….**

300 円しかない…。

no more than ～で「ほんの～、たったの～」という意味。

▷ **Wow, we can use Suica even in Kyoto!**

わぁ、京都でも Suica 使えるんだね！

even は「～でさえ（も）」という意味の副詞。名詞や代名詞、動詞の前に置き、人や物、動作などを強調します。

ONE STEP! **Have you packed yet?**
もう荷造りした？

旅行の準備ができたかを確認する表現です。動作が完了したかを尋ねるときは、現在完了 Have you ～?「もう～した？」で表します。pack は「荷造りする、詰め込む」という意味です。Yeah, I finished yesterday.「うん、昨日終わったよ」や、No, it'll take forever ….「ダメ、いつまでも終わんない…」のように答えます。

Traveling Abroad
海外旅行

一緒にニューヨーク旅行に来た翔太と隼人。世界でいちばん大きな駅 Grand Central Terminal（グランドセントラル駅）から電車に乗ることにした2人は、道行く人に駅までの道順を聞いてみることにしました。

Could you please tell me how to get to Grand Central Terminal from here?

ここからグランドセントラル駅に行く道を
教えていただけますか？

他人に道を尋ねる場合はより丁寧な聞き方がベターです。Could you please tell me ～？「教えていただけますか？」を使って丁寧に尋ねましょう。後ろに how to get to ～「までの道順、行き方」を続けると、「～までの道順を教えていただけますか？」という表現になります。

▷ # How can I get to the bus stop?

バス停にはどう行ったらいいですか？

How can I 〜? で「どうしたら〜できますか？」という意味。

▷ # Where can I exchange Japanese yen for dollars?

どこで日本円をドルに両替できますか？

両替機は「Money Exchange」や「Currency Exchange」と呼ばれています。

▷ # Which do you think is bigger, the Statue of Liberty or the Great Buddha of Nara?

自由の神とと奈良の大仏、どっちが大きいと思う？

▷ # I wonder if there's any tour of World Heritage Sites.

世界遺産巡りのツアーあるかな。

▷ # What? Where's my passport!?

あれ？ 俺のパスポートどこ行った!?

▷ # What a surprise to find Ootoya here!

こんなところに大戸屋があるなんてびっくりだね！

What a surprise to 〜は「〜してびっくり」「〜するなんて思っていなかった」と驚きを表す表現です。

ONE STEP! ## Could you please say that again?

もう一度おっしゃっていただけますか？

せっかく教えてもらったことなどが聞き取れなかったときの表現も覚えておきましょう。Could you please repeat that?「繰り返していただけますか？」でもOKです。

Declaration of Love
愛の告白

よく一緒に出かけたり食事に行ったりする仲の意中の人に、とうとう告白する決心をした拓海。いざ告白するとなるとドキドキしてしまいますが、ディナーの最後にスマートに決めます。

I think you are the most beautiful person I've ever met.
君は僕が会った中でいちばん美しい人だよ。

いくらストレートな表現をする英語でも、愛の告白ではいきなり I love you. と言ったりはしません。まずは相手の容姿や性格を褒めたり、「君と一緒にいる時間が楽しい」と言ったりしてから本題に入ります。〈I think +主語+動詞〉で「私は〜は…だと思う」という表現で、覚えておくと便利です。

愛の告白で使えるフレーズ

▷ **I enjoy talking with you.**

君と話してると楽しいよ。

enjoy 〜 ing で「〜しているのを楽しむ」という意味。「話していると楽しい」と言いながら愛の告白に移るパターンです。

▷ **Your smile makes me happy.**

君の笑顔が見られて幸せ。

〈make + 人 + 形容詞〉で「(人)を〜にする」という意味。

▷ **You are the funniest person I've ever met!**

僕が今まで出会った中でいちばん面白いよ。

英語圏では「面白い」と言うのは日本語以上に褒め言葉となります。funniest は funny の最上級。

▷ **I wanna spend more time with you.**

もっと一緒にいたいなぁ。

▷ **Will you be my boyfriend[girlfriend]?**

つき合ってください。

Will you 〜 ? で「〜してくれませんか?」という意味。

▷ **I wanna eat your miso soup every day.**

毎日君の作る味噌汁が飲みたいんだ。

ONE STEP! **I think we're very compatible.**
僕たちすごく相性がいいよね。

be compatible は「相性がいい」という意味です。compatible は「矛盾のない、一致して」という意味の形容詞で、共通点がお互いにたくさんある仲であることを伝える表現です。

< シュン

What's up,Takumi? I sent you a text. You haven't responded yet.
よっ拓海。メッセしたんだけど。既読スルーしたよね？　18:00

Things have been hectic. Sorry.
既読 18:10　最近バタバタでさ。ごめん。

That's OK, btw, wanna hang out this weekend?
まあいいよ。ところでさ、週末出かけない？　18:20

I'm up for it. I'm busy on Saturday, but free on Sunday.
既読 18:20　いいね。土曜が忙しくて日曜がいいんだけど。

Sunday works for me. 6?
日曜いいよ。6時？　18:21

Let's say 7. Meet me at the station.
既読 18:23　7時に駅で。

Gotcha:) CU! Let's hook up!
わかった (^^)　じゃ、そのときに。楽しもう！　18:24

You haven't responded yet. で「既読スルーする」という意味です。respondは「返信する」という意味の動詞です。**Sunday works for me.** の動詞workには「都合が良い」という意味があるので、「日曜日は自分にとって都合が良い」すなわち「日曜日でいいよ、大丈夫」となります。

いろいろなスラング

btw = by the way の略で、「ところで」という意味。
I'm up for it. は「賛成する」という意味。I'm down. でも OK。
CU! = See you!「またね」。seeとC、youとUの発音が同じ。

和也 @kazukazu667

Looking at Twitter though I'm still at work.

仕事が終わらないけど Twitter 開いてる

しょーへい @shoooooHey0603

Don't get yelled at. <u>lol</u>

怒られるなよ（笑）

椎名まさる @si-na_masamasa

Economic history is <u>all Greek to me</u>.
I'll die from the test tomorrow :P

経済学史わからん。明日のテスト死んだわ＼(^o^)／

萩原聡史 @hagisato-baseball

Today's dinner is *niku-jaga* and fried rice!
#homecooking

晩ごはんは肉じゃがとチャーハン！ ＃自炊

タクミ @takumin_hair

What a perfect combo! I'll hurry home.

組み合わせ最高！早く帰るよ

タクミ @takumin_hair

Oh, btw, no pic attached.

あ、そうだ、写真忘れてるよ

ハヤト @hayato_kintore

Wearing a jacket for a change. <u>#OOTD</u>

珍しくジャケットスタイル　#OOTD

all Greek to me は「ギリシャ語みたいでわからない」という意味で、シェイクスピアの戯曲『ジュリアス・シーザー』の中で使われた表現に由来しています。難しくて全くわからないときに使います。

いろいろなスラング

lol = laughing out loud の略で（笑）という意味。
OOTD = Outfit Of The Day の頭文字を取った語で「今日のコーデ」。

著者 神林サリー
（かんばやし さりー）

Sally's English Lesson 主催、英会話講師、英語本作家。大学の専門は英米文学。アメリカ留学後は通訳・翻訳学校でプロの英語を習得。バックパッカーで世界を放浪した経験や、オーストラリアでの就労体験、大手英会話学校の講師、外資系金融勤務の経験を生かして企業研修、出張授業、オンラインセミナーやレッスンを提供。主な著書に『たったひとことでモテる英語の伝え方』（技術評論社）、『Sally 先生のバイリンガル英会話学習法』（研究社）、『Easy&Fun! 英語で手紙を書こう』（永岡書店）など多数。
英語ブログ「Sally のバイリンガル Diary」
(https://ameblo.jp/becomebilingual/)

イラスト
那多ここね
（なた ここね）

マンガ家。著書に『ひゃくにちかん!!』（全4巻、集英社）、『先生もネット世代』（一迅社）、『クールドジ男子』（全3巻、スクウェア・エニックス）などがある。

ナレーション	駒田航、田丸篤志、千葉翔也、ジェフリー・ロウ、ドミニク・アレン
音源制作	ユニバ合同会社
デザイン	八木孝枝
DTP	株式会社シーティーイー
編集協力	中澤佑美・筒井愛美（株式会社カルチャー・プロ）

朝から晩までイケメン英会話フレーズ

2021 年 7 月 20 日発行　第 1 版

著　者	神林サリー
発行者	若松和紀
発行所	株式会社 西東社
	〒 113-0034　東京都文京区湯島 2-3-13
	https://www.seitosha.co.jp/
	電話　03-5800-3120（代）

※本書に記載のない内容のご質問や著者等の連絡先につきましては、お答えできかねます。

ISBN 978-4-7916-2992-3